鍛鍊你的意志力

意志力像肌肉，鍛鍊就能強化！讓你擺脫窮忙，效率No.1

暢銷新裝版

岩崎一郎——著 謝承翰——譯

何をやっても続かないのは、脳がダメな自分を記憶しているからだ

目錄 CONTENTS

第2章

力不從心，無法改變自己？——想像成功畫面，執行它

第3章

如何戒除分心，提升續航力？——目標清單化，不再半途而廢

第4章

難以抗拒誘惑，怎麼辦？——尋求支持，藉由外界力量改變自己

案例❹ 戒不掉的菸癮

第5章

根深柢固的惡習，如何戒除？——適時讚美，以成就感換取成功

第6章

如何鍛鍊大腦，增加意志力？——五個好習慣，助你一臂之力

作者序

駕馭你的意志力，輕鬆邁向成功人生

在這個世界上，既有人在不知不覺中養成「好習慣」，進而使夢想付諸實現；當然也有人無法從「壞習慣」的魔掌中脫身，因此不斷陷入自我厭惡的泥沼當中，無法自拔。

不知道正在閱讀本書的各位，屬於上述何種類型呢？

我想應該有不少人都曾經立志減肥成功、練習英文口說、早睡早起、整理房間等好習慣，卻在過程中百般受挫，最後自暴自棄地認為心有餘而力不足，就此半途而廢吧？

此外，也有人想要戒菸、戒掉３Ｃ電玩、亂花錢等惡習，但是單憑意志力總是難以成功，並因為惰性而總是無法擺脫這些壞習慣。

我撰寫本書的目的，在於以最先進的腦科學研究為基礎，幫助讀者解決想改變、卻遲遲無法改變的日常壞習慣。此外，當孩子不肯幫忙做家事、另一半在外應酬卻未事先告知等，諸如此類叮嚀再多次，對方仍不肯改善的壞習慣，我也會提供可帶來戲劇性改變的方法。事實上，無論自己或他人的習慣，其做法並無二致。只要理解大腦特徵，並且活用它，就可以輕易改變所有人的行動模式，進而建立習慣。

過去，我長年於美國的大學進行腦科學的相關研究。近期研究結果顯示，**當一個人越想做一件事，就越做不到**。然而，只要事先將某種行動建立成「習慣」，當大腦進行該行動時，就無需再次判斷，可讓當事人以最少的努力，獲得最大的效果。為什麼呢？因為免除了多餘的思考，就能讓能量消耗抑制在最低限度，使之馬上付諸行動，提升效率。

人類的行動全都取決於習慣，因此只要養成好習慣，就能以更快的速度迎向成功；反之，若無法從壞習慣中抽身，就會陷入負面的迴圈。就某種意義而言，這個說法相當中肯。

意志力薄弱，是因為大腦出類拔萃？

以下是我的親身實例。

我曾經是個沉默寡言、表達能力拙劣的人。談到學術相關領域時，或許勉強能夠與他人聊上幾句，但卻非常不擅長與人閒話家常。雖然當時的我也曾經對此缺點產生危機意識，並努力嘗試與他人自然地對話，但每次皆以失敗告終。赴美期間，我也曾修習對話溝通等課程，結果仍無法克服不善言詞的困境，使我產生心灰意冷的無奈感。

走投無路的我，此時靈光乍現，想到一個異想天開的方法，就是在街頭向三千位路人搭話，藉此建立友誼橋梁的溝通實驗。在此過程中，我所具備的腦科學專業著實大有助益。因為**透過腦科學的研究，我逐漸掌握「習慣」的真面目，並將其中所獲得的最新知識，運用於上述實驗當中**。沒想到，該實驗打破我多年來溝通障礙的壞習慣；我終於成功改變自己木訥寡言、拙於言詞的缺點，開始懂得與人交談。

返回日本之後，我懷抱「希望幫助與我面臨相同困境者」的念頭，創辦一家專門提供人際溝通、領袖風範研修等課程暨講座公司。除了幫助因為不善表達而備感煩惱的學員外，也提供企業內部研習課程的服務，希望可以為欲增進營銷能力，並讓公司內部溝通更順利的企業家盡一份綿薄之力。

在各種活動當中，我常聽見學員提到，修習課程剛開始時，狀態的確稍有改善，但是不久後便又盡復舊觀。這是因為學員並未把新知識扎根於腦海，使之形成「習慣」。關於這部分，本書將屏除所謂的「毅力論」與「精神論」，純粹以科學的角度與理論，提供養成好習慣的祕訣。

我並不認為自己比別人更善於建立習慣，而是透過腦科學知識，得以更輕鬆愉悅地養成各種良好習慣。

雖然長期無法貼近自己理想中的樣貌、虛度光陰，任誰都會對這種挫敗感到心煩不已，甚至放棄夢想，厭惡自己。但無論如何，我希望各位不要產生自我厭惡的想法。**脆弱的「意志力」絕非無法改變現狀的原因，反而是因為大腦過於出類拔萃，才會產生無法改變的情況。**

只要理解大腦的特性，就能夠幫助自己和壞習慣分手，並且輕鬆養成好習慣；光是了解這點，是否就讓你滿懷希望呢？

若希望自己有所改變，就要掌握「習慣與大腦之間的關係」，進而用「好習慣」駕馭你的「意志力」，就能輕鬆改變現況，成為理想中的自己。如果本書可以幫助各位與美好的自己相會，那將是我莫大的榮幸。

本書中的腦部區域 ❶

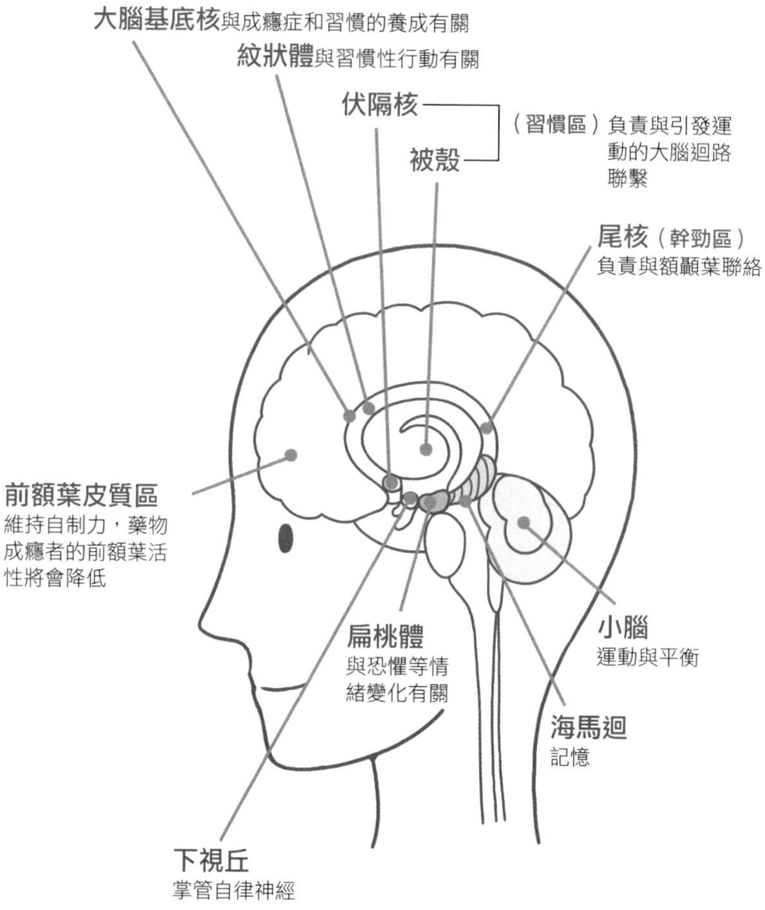
大腦基底核與成癮症和習慣的養成有關
紋狀體與習慣性行動有關
伏隔核
被殼
（習慣區）負責與引發運動的大腦迴路聯繫
尾核（幹勁區）
負責與額顳葉聯絡
前額葉皮質區
維持自制力，藥物成癮者的前額葉活性將會降低
扁桃體
與恐懼等情緒變化有關
小腦
運動與平衡
海馬迴
記憶
下視丘
掌管自律神經

本書中的腦部區域 ❷

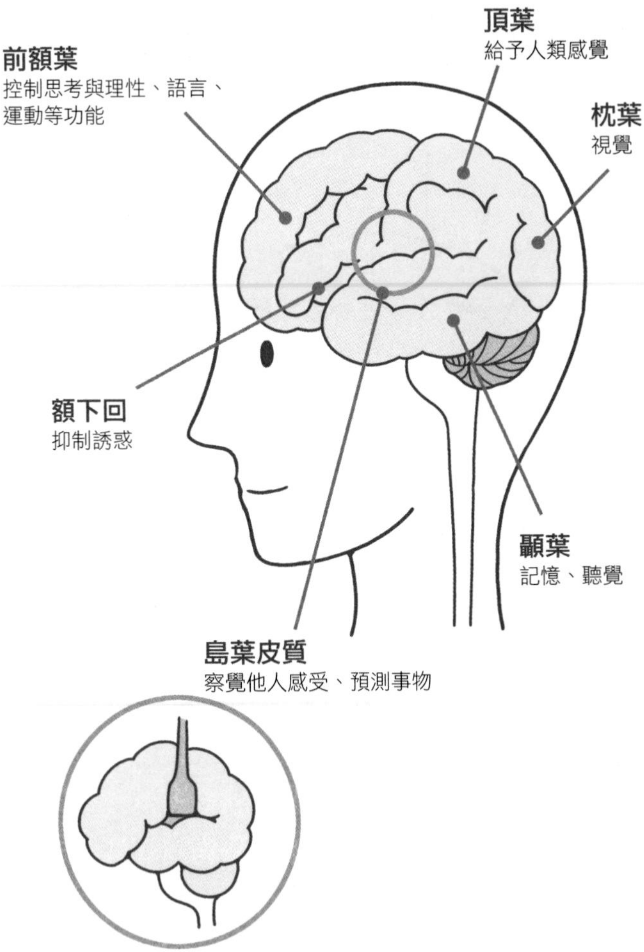
頂葉
給予人類感覺
前額葉
控制思考與理性、語言、運動等功能
枕葉
視覺
額下回
抑制誘惑
顳葉
記憶、聽覺
島葉皮質
察覺他人感受、預測事物

Chapter 1

如何讓習慣幫助自己，挑戰成功？

培養好習慣，大腦會更聰明

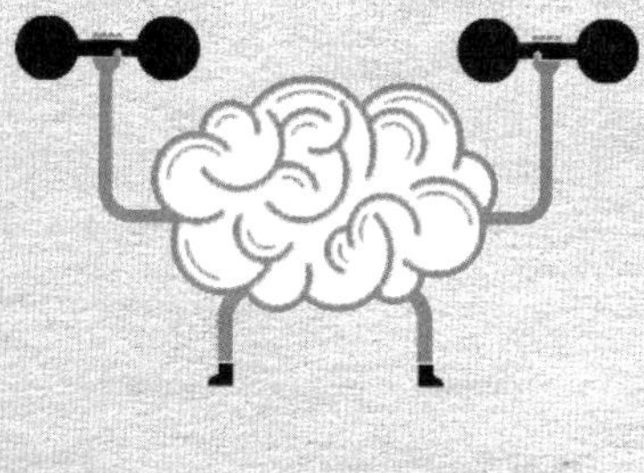

案例1

惡性循環的壞習慣

太郎每天都留在公司加班，因此養成晚上吃消夜的習慣。而最近的健檢報告顯示，他的肥胖指數不斷向上飆升。雖然他也曾嘗試減肥，但往往因為工作壓力太大而半途而廢；不僅如此，他又會因減肥失敗而陷入暴飲暴食的窘境。原本就不擅長運動的他，若以現在的生活型態而言，下班後還要拖著疲憊的身軀上健身房，著實不易。長期下來，太郎便陷入自我厭惡的深淵中，遲遲無法自拔。

▲ 大吃大喝的習慣，總是無法改變。

改變人生，從建立好習慣開始

打破框架，從壞習慣中解脫

我也曾經試著減肥，由於當時幾乎沒時間運動，因此我從節食、戒酒等方法著手，但減肥成果卻不盡理想。長期下來，我便認定自己的意志力過於薄弱，因此陷入低潮；那是一段相當辛酸的時期。

除了飲食之外，生活中還有許多行動，如早起、閱讀、學習、抽菸、喝酒等，也與習慣密切關聯。其中，有些是人們希望養成的好習慣，而有些則是想戒掉，卻遲遲無法根除的壞習慣。或者，即使狠下心，想要養成新的習慣，卻總是三分鐘熱度、半途而廢，不知各位是否亦是如此呢？

日文字典中，「習慣」的定義如下：一、每天一定會有的行動，幾乎不曾間斷。二、透過重複操作後，掌握的固定行動，可藉由精神層面的努力反覆進行。（編按：中文字典中，「習慣」是指「長期養成，一時不容易改變的行為模式或地方風尚」。）

「習慣」並非人類一出生就會的行動，而是在反覆進行後才得以掌握的事物。除了行為舉止之外，思考模式、價值觀、人生觀等心靈層面，皆包括於習慣的範疇內。常言道：「習慣為人類的第二天性。」日常的習慣性行動與想法，也會對人生帶來深遠的影響。

隨著年紀漸長，根據自身習慣採取行動的傾向也漸趨強烈。此時，若想矯正習慣將會變得相當困難。

習慣不單會影響當事人外在的言行舉止，更會影響其內心深處的想法、心理傾向，甚至決定人生的道路與方向。了解這點之後，或許各位已經開始產生「必須重新檢視習慣」的念頭了。

那麼，人類在一天當中，根據既有習慣做出的行動究竟有多少？

科學證明，「習慣」決定人類大部分的行動

以下是美國麻省理工學院曾經做過的實驗。

研究團隊為了調查人類「將行動轉化為習慣」的過程，因而研發出一種裝設於受測者身上，同時擁有偵測與發信功能的裝置。該裝置具備GPS功能，因此研究團隊能夠在兩公尺的範圍內，掌握受測者的所在地。

例如：當受測者在家中時，研究團隊也可掌握受測者待在廚房、洗手台前、客廳等地點的資訊，藉此得知受測者的移動方位。此外，也可檢測受測者上半身的細微動作，例如說話音量、語調、語速等。

▲ 即使最後選購和平常不同的商品，該行動也會從既有的習慣模式中表露無遺。

該實驗觀察受測者約一百天的日常生活，藉此掌握他們每天的行蹤、工作時間與地點、用餐內容、是否開會、睡覺等，進而了解他們的日常習慣。或許有人無法忍受毫無隱私的生活，不過研究團隊進行實驗前，已清楚說明並徵得受測者的同意。

據說研究團隊透過發信器，追蹤受測者的行動，並觀察受測者認識陌生人時做出的細微動作、說話音量、態度等之後，即可預測他們稍後是否會與對方交換名片。如此看來，即使是建立全新的人際關係時，人類還是會遵循過往習慣；也就是說，「交換名片」這個動作，並非經過大腦思考，而是下意識認識陌生人時的「習慣動作」。

最後該研究分析了受測者於每天當中遵循習慣所做出的特定行動，**結果顯示，九〇%以上的行為都是根據習慣進行的**。換言之，受測者經思考後做出的行動占不到一〇%；因此，**習慣幾乎支配了人類的所有行動**。

雖然，研究指出人類的行動每天都會有微妙差異，但是在何時何地、做什麼事情，大致上都本於習慣，例如幾點開會、幾點確認電子郵件，甚至每隔多久上廁所等。

在了解那些自認為透過意志所做出的行動，其實大多受到習慣支配、由身體自發地做出該行動時，應該會讓各位想重新審視自己的習慣吧？

此外，研究亦指出，當受測者前往購物時，也可以事先預測出他的購物內容，以及要花幾秒思考後，才會選擇與平常不同的商品。

各位感覺如何？一想到研究團隊只要解析你的行動，就能夠掌握你之後的所有行動模式，這些是否令你感到有些不可思議呢？

每天的行為，都由「習慣」控制

觀察起床後的行動，就能預測一天的動向

此外，研究團隊揭示了更為驚人的事實：每個人在一天的生活當中，都有已經形成習慣的「固有行動」，而透過該行動就可事先預測，接下來，會做出哪些行為。

例如：將早上起床的時間、刷牙等固定行動分門別類，便可以在一天當中，發現大約五十個固定的行動模式。

只要觀察每天早上的六個固定行動，就可以預測出每個人當天的行動，準確率高達九〇%～九七%。

▲ 透過早上的 6 個固定行動，便可輕易預測女孩接下來要去約會。

與此相同，研究團隊也發現，無論是一天當中的任何時間點，只要掌握一個人每天的六個固定行動，即可預測他接下來的十二小時內會有何行動；人類的行動就是如此固定。

或許有人會認為，造成上述情形的原因是由於受測者必須通勤上班或上課，導致每天早上必須在固定的時間出門；假如不必通勤時，便不會有那些墨守成規的行動。

為此，因而誤以為，從事自由業的人由於無需於特定時間出勤，因此更能自由地運用時間。事實上，他們的行動只不過是不同於一般大眾的「通勤族」，但是依然受到個人習慣性行動的局限，兩者並無二致。

養成好習慣，幫大腦儲存能量

擺脫負面的慣性思考，活得更輕鬆自由

「怪癖」也被視為習慣性行動的一種。

字典裡「怪癖」一詞的定義為「特殊的習慣或喜好」。

以我個人為例：我剛從美國返抵日本時，有段時間很難擺脫居住於美國時養成的習慣，讓我頗為煩惱。在美國，使用把手式水龍頭時，必須將把手推至與日本把手式水龍頭相反的方向才會流出水來。我雖然知道這件事，但是每當我分心處理其他事情時，仍會不小心將把手推到美國把手式水龍頭的方向。

此外，醫學界將咬指甲、吸手指、夜尿症、口吃、抖腳、臉紅恐懼症等

怪癖，稱為「刻板化行為」（Stereotypic Behavior）。

根據研究指出，「刻板化行為」的起因在於心理層面。不單如此，在無意識的情況下說出的詞語，比如自己偏好的語句等，也屬於一種怪癖，像是「順帶一提」、「就某種意義來說」、「那麼」、「的部份」等。

人們的想法與感受中也存在著許多怪癖。其中當然有「正向怪癖」，但也不乏自負面想法中所衍生的「負面怪癖」，容易使當事人做事時總以失敗告終。然而，我們很難察覺扎根於想法之中的怪癖。

在心理諮商與心理教練等領域當中，是讓個案（當事人）與專家們一起進行心理重建，個案將在進行過程中，訴說他內心的各種煩惱，藉此察覺自身在思考上的怪癖，進而聯想出「這麼做會更好」的良好狀態。

我在美國大學擔任研究員時，也曾經對人際溝通感到困擾，不善與他人交流。我就像是許多書籍中所描繪的「理工宅男」般，每天在自己有興趣的研究裡傾注所有心力；一旦需要和他人對話時，腦中總是一片空白，不知該聊什麼；而此情況又以面對異性時尤其嚴重。

在三十歲時，我終於意識到自己必須正視此問題、設法改變，因而求助心理諮商師，並參與溝通課程，從中獲得許多寶貴的建議，並漸漸克服人際溝通的障礙。勇敢面對自己思考上的壞習慣與社交恐懼症，讓我終於得以擺脫口齒拙劣的毛病。

當我察覺到過去未曾察覺的思考習慣，並從該習慣中重獲自由後，頓時變得異常輕鬆，這些曾經讓我備感煩惱的人際溝通，彷彿過眼雲煙般消逝。

一旦養成習慣，大腦便可輕鬆做決定

至於我們的「習慣」是如何養成的呢？為了讓各位思考這件事，讓我們一起檢視在形成習慣性行動的過程中，大腦究竟發生了什麼事。

容我介紹美國羅格斯大學威斯特博士的研究團隊以小白鼠進行的實驗。

研究團隊製作了一個裝置，當小白鼠因為口渴而前往飲水區喝水時，警鈴就會自動響起。而小白鼠必須在聽見該警鈴聲之後，按壓位於飲水區中的把手，才能夠喝到水。

多次重複上述過程後，小白鼠就會養成：「一、聽到警鈴聲；二、按壓把手；三、喝水」的一系列習慣動作。

由於小白鼠已經養成上述習慣，因此之後再讓小白鼠聽到該警鈴聲時，牠就會在喝水前自行去按壓把手。重複的次數越多，小白鼠聽到警鈴聲後按壓把手所需的時間也會越短，按壓效率也更加良好。

此時，研究團隊配合上述習慣，檢測小白鼠大腦中紋狀體腦細胞的活性。「紋狀體」位於大腦底部，與習慣性行動的關係十分密切。在小白鼠養成上述習慣後，研究團隊觀察牠們大腦內紋狀體的活性變化。結果顯示，隨著小白鼠按壓把手的次數增加，紋狀體腦細胞的活性也隨之降低。

換言之，當習慣根深柢固，紋狀體腦細胞便能以較少的能量，做出該習慣性行動。人類亦是如此，無需多加思考，便可自發性地做出習慣的行動。

為什麼某些習慣，難以戒除？

基於上述實驗結果，讓我們以開車為例，探討改變習慣這件事。

剛開始學開車時，大多數人會對手握方向盤、右腳控制油門與煞車、左腳踩離合器踏板，視線必須留意前方、後照鏡、兩側後照鏡等行動，感到十分困難。此時，常會被駕訓班教練斥責，但是對於初學者而言，同時要做到上述行動確實不容易。

然而，等到考取駕照，並實際上路一段時間之後，就能夠同時注意交通號誌、前方車輛、對向車道車輛等各種路況變化。習慣開車之後，即便駕駛時一面觀看導航畫面，甚至稍微分心思考其他事物，仍然可以安全駕駛。

進入上述狀態後，當事人的腦細胞也將進入節能模式。**因為養成某種習慣之後，就能夠同時將能量運用於其他事情中**，這也是養成習慣的一大益處。

話雖如此，養成習慣並不盡然有益無害。

再以我個人為例，當我剛返抵日本，開車上路時，也有好長一段時間無法擺脫美國的駕駛習慣，導致一場非常可怕的經驗。

美國的車道行駛方向與日本恰恰相反（註：日本靠左駕駛，美國則與台灣相同，靠右駕駛）。直行時，我會小心翼翼地駕駛，因此並未構成問題；但是轉彎時，我常會不慎切入對向車道。假如常切錯車道，很可能導致車禍。因此每次開車上路時，我總會以強烈的意志力，提醒自己切入正確車道。

與此相同，日本與美國汽車的方向燈控制桿與雨刷桿位置也是左右相反（註：日本汽車的方向燈控制桿位於方向盤右側，雨刷控制桿則位於左側），因此行車時常發生令人哭笑不得的糗事；有時我想往左轉，卻不小心啟動雨刷，此時我總會手足無措地關閉雨刷，但也因此錯過打方向燈的時機，導致沒打方向燈就直接左轉。我很努力避免轉彎時轉錯車道，卻無法同時將心思放在正確地打方向燈上。

於是，只要有人搭我的車，對方總會頗感訝異地詢問：「為什麼你每次打算左轉時，都會啟動雨刷呢？」

正如前例，一旦養成某種習慣之後，該習慣性行動就很難改變。即使必須將自身意識放在其他事物上時，已經養成的習慣仍會不時出來搗亂。

我想任何人都曾經有過想改掉某習

▲ 原本想打左轉方向燈，結果卻不小心啟動雨刷。

慣，卻遲遲無法改變的經驗。因為，人類只要養成某種習慣後，就很難擺脫。

習慣的特徵之一在於，每當接收到特定訊號時，當事人就會自動產生反應。例如已經養成起床後刷牙洗臉等習慣的人，即使不特別思考，也會在起床後自然而然地走向洗手台刷牙洗臉。此時，「起床」就是讓他進行下一個行動的訊號。

除此之外，在前文的駕駛習慣案例中，「左轉」亦是一個訊號，讓我自然轉往右側車道，並啟動汽車的雨刷。

而諸如想法、觀念等，一旦養成習慣後，也會產生與上述類似的情況。

誠如前文所述，直到四十歲那年為止，我一直不太擅長人際溝通，因此每當我鼓起勇氣，主動與他人搭話，卻無法順利溝通時，就會鑽牛角尖地認為自己很不受歡迎。如此一來就會使我更緊張，腦中一片空白，甚至連身體的動作也變得僵硬不堪。

此時，對方沒有給予我理想反饋的事實，也成為一個「訊號」，讓我湧現「自己不受歡迎」的想法，並養成這種「習慣性想法」。

由於我們難以透過肉眼察覺「習慣性想法」，因此處理時相當棘手，若欲矯正更是困難重重。如果想改掉某個習慣性想法，就必須多加留意該想法，並運用腦內的大量能量，改變陳舊的習慣性想法。

除了單純的言行舉止、行動之外，想法與價值觀也屬於習慣的範疇。因此，各位應該能夠理解「習慣是人類大多數行動與想法的基礎」。

習慣與成癮，只有一線之隔

先了解自己的缺點，幫助培養好習慣

若想戒掉某個習慣，卻遲遲難以戒掉，可能就會被視為成癮；就某種意義而言，習慣與成癮的性質極其類似。因為當我們對某物質（如酒精、香菸等）成癮，或養成某種行動或是思考上的習慣時，腦中的變化也極為類似；尤其，大腦底部稱為「大腦基底核」的區域將出現極大的變化。

除了使用酒精、尼古丁、毒品等成癮物質，這些相當常見的成癮症病因。事實上，研究也指出，還有更多事物會造成成癮症；例如網路、電玩、手機、飲食、鹽分、運動等事物，都可以看見類似成癮症的現象。

「鹽分」是人體的必需營養素。根據實驗指出，假如長時間不提供小白鼠鹽分，牠們的腦部將會出現近似鹽分成癮症的症狀。除此之外，也有人對運動成癮，美國甚至有報告顯示，有些人每天跑步必須達特定里程數，否則就會渾身不自在。

假如成癮症過於嚴重，達到近似藥物成癮的程度時，除了大腦基底核之外，腦部其他區域也將產生負面變化。

例如：「前額葉皮質區」是思考時最重要的腦部區域。研究指出，藥物成癮者的前額葉皮質區活性相當低落；然而，這是人類發揮自制力的重要區域，一旦活性降低，自制力也

▲ 一旦罹患網路成癮症，腦部功能將會持續降低。

將隨之減弱，對於凡事都將失去耐心。

不但如此，思考力也會降低，以致衍生各種問題。而無論成癮症或養成某種習慣，都使用了腦部的相同區域，因此嚴重的成癮或習慣，對於我們而言皆有害無益。

「潛意識」，主宰你我的習慣

誠如前文，所謂的習慣或怪癖，是指在無意識中，不由自主做出某種行為的情形——此時就是「潛意識」正在發揮作用。不少人認為「潛意識」虛無縹緲、難以捉摸。然而，腦科學已經證實潛意識的存在，只是當事人自身無法察覺、掌握潛意識的存在。

目前德國普朗克研究所（Max Planck Society）的索恩博士正在研究當人類

想進行某行動時，其腦部運作的方式。

該實驗中，索恩博士要求受測者「隨意活動自己的右手食指或是左手食指」。在此期間，他以儀器觀察受測者的腦部活動，並調查受測者欲活動哪一側食指，以及受測者在什麼時間點實際活動其食指。

多數人應該會認為，此時受測者的腦部運作大抵如下：

❶ 打算「活動食指」

❷ 腦部運作

❸ 活動手指

然而根據此實驗，索恩博士發現令人意外的事實：在受測者意識到「自己的手指」的許久之前，腦部就已經開始運作了。

以下順序為索恩博士實際測得的數據：

❶ 腦部運作

❷ 打算「活動食指」

❸ 活動手指

令人驚訝的是，**大腦中的「額極」腦區，會在受測者憑自我意識做出決定的八秒前便開始運作，並且決定活動哪一側的食指**。

此時，雖然受測者本人尚未出現「活動食指」的意識，但是索恩博士只需測量受測者的腦部活性，便可預測他接下來會活動哪一側的食指。

而在腦部活動經過八秒之後，受測者本人才會產生「活動食指」的意識，並於大約兩秒後活動自己的食指。換句話說，在受測者實際活動食指的十秒前，索恩博士就可以透過其腦部活性，預測對方會活動哪一側的食指。

因此，**在產生意識之前，腦部早已決定要活動哪一側的食指**。與養成習慣或怪癖的情況相同，受測者的腦部已經被肉眼難見的潛意識層級控制，決定

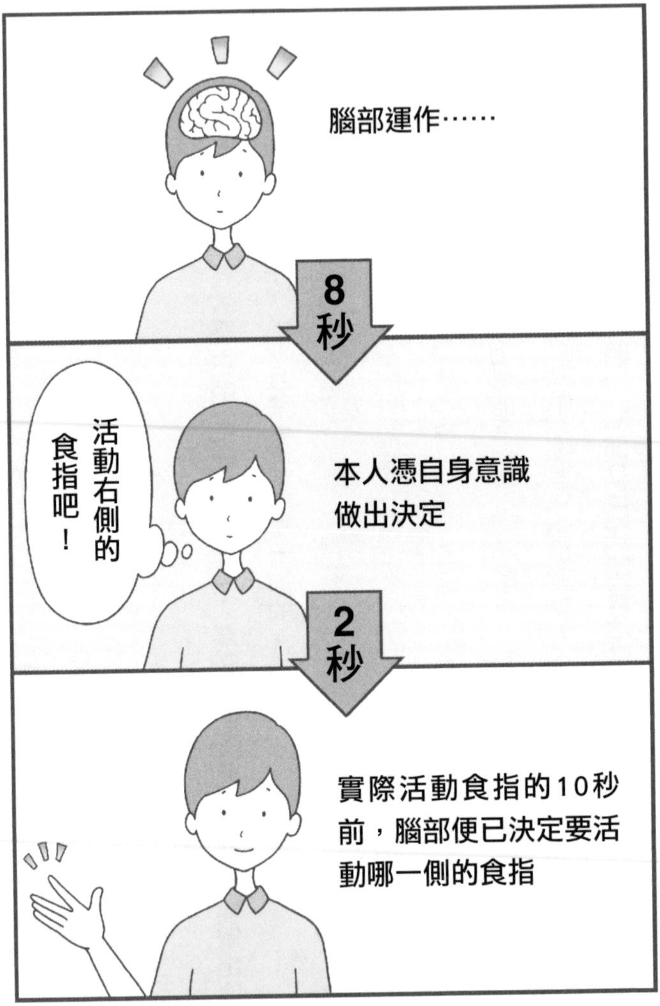

▲ 產生意識之前，腦部就已決定未來的行動。

接下來有何行動，因此想要矯正並不容易。相反地，只要能夠善用潛意識的力量，或許便能輕而易舉地改變自身的習慣。

善用潛意識，戒除壞習慣

用餐時，味覺神經將會把舌頭感受到的味覺訊號傳送至腦部，初級味覺區負責接收該訊號；接著，味覺訊號便會依序被傳往二級味覺區、三級味覺區，此時該訊號將會受到許多影響。

例如：初級味覺區負責感受口味濃淡，而二級味覺區、三級味覺區則負責增強、削弱口味的好壞程度。

根據牛津大學博士格拉本．霍斯特等人的研究指出，人類的潛意識也會改變味覺感受。

在實驗當中，研究人員要求受測者用舌頭品嚐味精，同時讓受測者觀看「濃厚美味」、「味精」等不同文字。

結果顯示，受測者會被所見文字影響，讓腦部與味覺相關的區域產生反應，對於味精「美味程度」的感受也將出現落差。

或許有人認為我在開玩笑，不過事實上的確如此。

即使看到不同的文字信息，「口味強弱」本身也不會產生變化，但是「用餐感受」卻會大相逕庭。相反地，若讓受測者觀看「味精」的文字信息，則受測者將會感覺索然無味。

此時，腦部究竟發生了何種變化？

首先，無論看到的文字為何，只要品嚐味精，受測者腦部的初級味覺區就會得到活化。而味精濃度越高，活化程度也越強；此時腦部是在讀取味精的「口味強弱」。

接下來，再讓受測者觀看「濃厚美味」的文字時，位於二級味覺區、三級味覺區的腦窩前額葉、前扣帶迴等部位則會得到活化。此時受測者獲得的資訊會再加上「用餐感受」，並讓「口味」的初級訊息受到影響。假如「用餐感受」越佳，美味程度也越高；「用餐感受」越差，美味程度則越低。

談到此處，相信各位多少有些感同身受。相較於與親朋好友興高采烈地用餐，一個人孤單用餐時，即使是相同的餐點，仍會感覺比較難吃。以腦科學的觀點來看，上述情形有理可循。由於心情愉悅、興高采烈地用餐，讓「用餐感受」較佳，因此即便餐點內容相同，仍會感覺比較美味。

同理可證，只要巧妙活用上述理論，就能夠有效減肥。

例如偏愛享用高熱量的垃圾食物，不喜歡吃低卡且富營養食物的人，或許可以設法提升享用低卡食物時的「用餐感受」。

事實上，一面進行實驗，一面在這方面多下功夫，這點相當重要。這是因為每個人提升「用餐感受」的方法各不相同。

若屬於會因為視覺因素而提升用餐感受的類型，可以試著在用餐時，將餐點盛裝於自己喜歡的餐具中，藉此享受與平日不同的氛圍；而對聲音較敏感的人，則可在用餐時播放觸動美好回憶的音樂、大自然的聲音等，讓自己在身心舒暢的環境中用餐。

只要確實掌握自己在五感訊息中，對何者的敏感度較高，或對何者感到較舒暢、不快的類型，用餐過程也將出現變化；希望各位能夠試著尋找讓自己感到愉悅的獨特用餐方式。

讓我們將話題拉回無法成功瘦身的太郎身上。掌握養成習慣的訣竅後，太郎決定在用餐時搭配碳酸水。

▲ 與親朋好友一起用餐，餐點會更加美味。

因為將碳酸水含在口中時，會感受到氣泡充盈，這對於太郎來說，是一種正面的「用餐感受」。除此之外，用餐前飲用碳酸水，還能夠得到飽足感，減少進食量。

透過上述方式，太郎得以在不節食的情況下，順利達成目標體重。而成功達成目標體重，也讓他建立了自信，對工作與生活產生正面影響。從此太郎在職場上更積極地與其他同事共事，並且身先士卒地推動全新專案。

假如想要讓自己的人生變得更好，就必須理解自己的習慣。

下一章開始，我們將一起探討如何養成好習慣，讓自己宛如浴火重生般，成為一位能幹、精明的成功者。

你所創造的習慣，
是一種表面化的潛意識作用。
習慣將會深深改變你的人生。

——約瑟夫．墨菲（作家、教育家）

節錄自《墨菲之讓人生邁向成功的389句名言佳句》

Chapter 2

力不從心，無法改變自己？

想像成功畫面，執行它

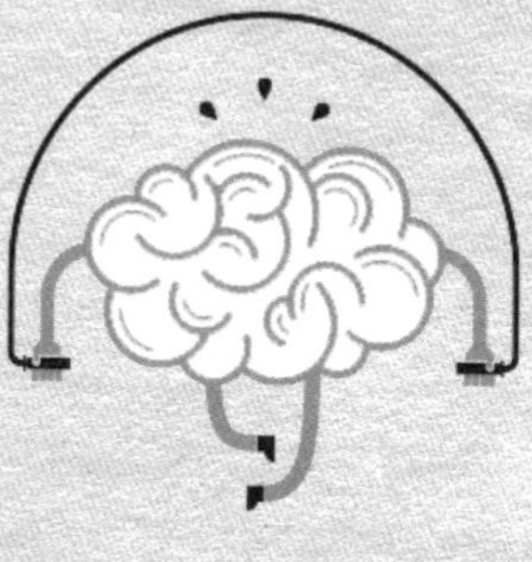

案例❷
無法排除的溝通障礙

二郎於某科技公司擔任系統工程師。工學院出身，加上長期處於陽剛味極重的職場，讓他幾乎沒有和異性接觸的機會。某一天，二郎的前輩離職，二郎因而接下原本由前輩負責的某家大客戶，他發現該公司的職員都是女性。他每次為了接洽業務而前往該公司時，總是因為太緊張而無法與該公司的業務負責人正常對話，以致遲遲無法與對方打好關係。二郎也發現，對方似乎也對他的言行舉止頗感困擾。他究竟該怎麼做呢？

▲緊張、口吃的毛病，很難戒除。

改變自己，需要什麼能力？

不斷想像，就能拒絕誘惑，消除壞習慣

多數人在養成新習慣的過程中，都會感到十分沉重，遲遲難以付諸實踐。那麼，想要重新養成新習慣時，重點究竟為何呢？

首先，向各位介紹以美國史丹佛大學的心理學家——沃爾特．米歇爾博士為中心的研究團隊，於一九六八到一九七四年進行的「棉花糖實驗」。許多媒體都曾介紹過此實驗，相信已有不少人聽過，不過請容我稍微介紹此實驗的概要及其想表達的核心概念。

實驗人員給六百五十三名四到五歲的孩童一塊棉花糖，並且告訴他們：

「你可以馬上吃下這塊棉花糖，但是，假如你能忍耐十五分鐘不吃，我就會再多給你一塊棉花糖。」

語畢，實驗人員便離開該房間，並前往隔壁房間，透過單向鏡觀察孩童們的行為，究竟會如何。

實驗顯示，其中有六成的孩童無法忍耐誘惑，立刻將棉花糖吃下肚；四成的孩童則是忍住誘惑，成功獲得另一塊棉花糖。

研究團隊又於一九八四年進行追蹤調查，結果發現相較於無法忍耐誘惑，立刻吃下棉花糖的孩童，那些忍住不吃棉花糖達十五分鐘的孩童，在美國大學入學考試的平均分數高出前者約二百一十分。

爾後，研究團隊更進一步在四十年後對其中六十名孩童展開追蹤調查，企圖掌握他們的腦部活性。結果發現，幼年時成功忍耐不吃棉花糖的人，長大成人後也不會輕易地屈服於誘惑；相較之下，幼年時無法忍耐不吃棉花糖的人，則馬上會對輕微的誘惑產生反應。這是因為他們的腦部特性不同所致。

追蹤調查指出，在幼年時無法忍住不吃棉花糖者的腦部構造當中，與成癮症等疾病有關的部位（腹側紋狀體）較容易活化，而負責抑制誘惑的部位（額下回）活性則比較低。

也就是說，當事人在四歲時能否忍住不吃棉花糖達十五分鐘，其日後的人生將會大相逕庭，腦部發展狀況也將隨之改變。透過上述研究，讓我開始認為，假如想擁有成功的人生，具備「自制力」（即「忍耐力」）非常重要。

養成習慣不需要毅力

讀到這裡，或許有不少人開始認為「養成新習慣」，就必須憑藉「自制力」與「毅力」的想法。

事實上，我曾經聽過有人為了鍛鍊「毅力」，在車站前放聲高歌，藉此進行訓練；因為他們誤以為必須非常拚命努力，才能養成新習慣，甚至因而累垮自己。

除此之外，或許也有人發現，自己幼年時正是屬於難以抗拒誘惑的類型，因此擔心人生是否會變得一蹋糊塗、腦部無法戰勝誘惑等。其實，我自己也曾經是難以抗拒誘惑的孩童。

在正式下定論前，讓我們看看那些成功忍住不吃棉花糖的孩童，在棉花糖實驗中的表現。

沃爾特．米歇爾博士於一九八九年發表了一篇研究論文，內容是關於那些成功忍住不吃棉花糖的孩童，其腦部在實驗中的各種變化。

在實驗過程中，成功忍住不吃棉花糖的孩童，並非緊盯棉花糖，並口吐「我不能吃！我不能吃！」的話語。事實上，他們並非仰賴「毅力」贏得第二塊棉花糖，而是透過「唱歌」、「一個人玩遊戲」、「閉眼睛」等方式，將注意力自眼前的棉花糖移開。

除此之外，研究也指出，那些忍住不吃棉花糖、但絲毫不覺得難受的孩童，他們在腦中做了更聰明的事；透過豐富的想像力，將口感柔軟甜美的棉花糖，想像成又鹹又硬的食物，藉此讓自己對眼前的棉花糖興致缺缺。

也就是說，這些孩童能夠自由操控腦海中的想像，並藉此戰勝棉花糖的誘惑，而並非「強忍」著自己「不能吃」。

時常運用想像力，大腦就會活化

在腦海內與心中多加想像，是否真的如此有效？

美國麻省理工學院的坎．威爾夏博士等學者，調查了人類於腦海內想像某事物時，以及親眼看見某事物時，腦部的活性變化。

該實驗當中，研究人員讓受測者交互觀看臉部照片和風景照片，結果發

是棉花糖耶！
你只要忍耐15分鐘不吃它，我就再給你一塊唷！
緊盯
軟綿綿
好軟喔…好甜喔…
碰！
不，棉花糖硬得跟石頭一樣！
而且很鹹…
哇，真的好鹹！
15分鐘後
哇！
你做得太好了太棒了！

▲ 運用想像力，戰勝誘惑。

現在觀看臉部照片及風景照片時，受測者腦部活化的部位不同。因此，研究人員只要觀察受測者的腦部活性，就能夠得知對方在看哪張照片。

接下來，研究人員要求受測者於腦海內輪流想像臉部照片與風景照片，並調查過程中受測者的腦部活性，他們發現與觀看實體照片時相同，受測者的腦部活性也會發生一樣的變化。

這個觀察可以證明，親眼看見照片以及於腦中想像時，腦部出現的變化是相同一致的。

除了「視覺印象」，「聽覺印象」也是如此。研究指出，即便受測者只是想像某種聲音，而非實際聽到該聲音，腦部掌管聽覺的部位（聽覺區）同樣會產生活化。換言之，就算全憑想像，而非透過五感加以感覺，人腦的運作情形依舊相同。

由此可以發現，那些成功抵擋棉花糖誘惑的孩童，是在腦中將棉花糖的味道、口感想像成與實際上大相逕庭，藉此讓自己對棉花糖興致缺缺，這是非常合理的做法。**與其使用「毅力」、「強忍」，活用「想像力」似乎更能幫助人鍛鍊「意志力」，進而輕鬆愉快地改變習慣與行為。**

如此想來，我們之所以無法順利展開某種特定的行動，甚至無法建立某種習慣，可能是因為當事人對於欲建立的習慣、展開的行動，難以苟同的緣故。雖然這只是當事人於腦海內創造出的印象，但是當此印象過於強烈時，它就會超越單純的印象，成為一種「自以為是的想法」。

在本章的一開始，我提到某位不善與女性交際的男性，想盡辦法讓自己與異性對話時能夠更有自信，卻不知該如何是好，因而深感煩惱的案例。我們可以發現，他在這方面的想法非常根深柢固，甚至產生了「恐懼」。

擔心自己給對方留下奇怪的印象，因此遲遲難以主動開啟話題，與對方暢談。我們究竟該如何幫助他去屏除這種想法呢？

捨棄壞習慣前，請先寫下目標

把想法寫下來，再決定保留或捨棄

人類透過語言表達自己的想法。事實上，這當中存在一個有趣的研究。後文中，容我介紹由西班牙馬德里康普頓斯大學的布利諾爾博士，以及其研究團隊所進行的實驗。

首先，請在紙上寫下「自己的想法」，再決定哪些想法該保留或哪些想法該捨棄；如此一來，當你面對想法時，也能夠像整理物品一般，不論保留或改變，做出較正確的決定。

在該實驗當中，研究人員先讓受測者把「是否喜歡自己的身體」的答案寫在紙上，再將受測者分為「紙片捨棄組」及「紙片保留組」。之後調查上述分組對於受測者的思考產生何種影響，並詢問他們對健康飲食的想法。

假如滿分為十分，紙片捨棄組對健康飲食的評價為六．三分；相較之下，紙片保留組則為七．一分，評價較前者更高。

對身體抱持良好印象的人，也比較注重身體健康，因此容易給予健康飲食較高的評價。

研究結果亦指出，若將存放記事本、錢包等重要物品的地點謄寫於紙上，就會對行動與判斷產生更強烈的影響。或許各位認為這個說法荒誕無稽，**但是將自己的「任何想法」謄寫於紙上，並決定是否保留該想法，的確會對日後的思考造成改變。**

所以，當你希望對某些固有的習慣產生負面印象，請試著將該印象寫在紙上，將之撕碎後捨棄吧！此外，將之焚燒殆盡也是一個不錯的做法。

然而若只操作一次上述過程，可能無法立即使個人的好惡出現大幅度改變，例如讓自己對過去極度厭惡的事物愛不釋手，或對曾經十分喜愛的事物深惡痛絕等。因此，即使各位還未能在過程中發現自己的變化，我希望各位可以將時間拉長，多嘗試幾次，藉此享受自己逐漸產生變化的愉悅。雖然變化程度較細微，難以察覺，請相信我，我們的大腦確實逐漸改變中。

▲ 將阻礙思考的負面想法寫在紙上後，果斷地撕碎丟棄。

老是光說不練？多因思考錯誤

透過兩種想像，幫助實踐理想

首先詢問各位，你如何在腦海內描繪情境畫面呢？

例如，試著想像「與素未謀面的陌生人對話」時，你會在腦中勾勒出什麼樣的畫面？有些人會以第一人稱視角，想像自己與某位陌生人對話的情形，也有人會以第三人稱視角進行想像。不知道你屬於哪種類型呢？

或許有人認為，二者之間並無太大的差異，其實不然。因為不同的想像方式，其所產生的動力也會有所不同。

當各位懷抱某件欲進行的想法，卻遲遲難以付諸行動時，或許正是因為自己對該行動的想像方式出現問題。

當你對某件事毫無想法時，自然就無法付諸行動。但即使心中存有某種想法，當想像的方式不同時，行動力的強弱也將產生落差。

透過美國俄亥俄州立大學心理學家利比博士主持的研究，可以讓我們了解如何藉由「改變想像方式」，提升行動力的祕訣。

首先，研究人員將四十二位受測者分成兩組，並告訴第一組的受測者：「請以第一人稱視角，在腦中想像自己正在做某件事情。」

另外，研究人員要求第二組的受測者：「請以第三人稱視角，在腦中想像自己正在做某件事情。」

接著，研究人員分別詢問兩組受測者，當他們想實際展開某行動時，是否認為自己確實能夠付諸實踐；並且要求受測者根據實踐程度強弱，將之分成六階段並提出評價。

結果顯示，以第三人稱視角進行想像時，其平均評價比採第一人稱視角進行想像的人低；其實際想付諸行動的人，前者約高於後者一．九倍。

接下來，研究團隊讓受測者實際觀看照片，第一張照片是主觀視角（第一人稱視角），另一張照片則採旁觀者視角，觀看自己進行某行為的情形（第三人稱視角）。

研究團隊隨機給予受測者觀看其中一張照片之後，詢問他們是否出現「實際進行該行動」的想法。

第一人稱視角
不好意思
第三人稱視角
能向您問路嗎？
當然
MAP
我該怎麼做？
為什麼我要這樣做？

▲ 思考時，你採用哪一種視角呢？

結果顯示，相較於觀看第一人稱視角的照片，觀看第三人稱視角的照片時，想實際付諸行動的想法，後者約為前者的一．八倍。

總的來說觀看第三人稱視角的照片時，受測者比較容易產生「為什麼我要這麼做？」的想法；觀看第一人稱視角的照片時，受測者則容易產生「我該怎麼做？」的想法。

透過上述研究，我們可以發現，假如採取第三人稱視角展開想像，比較容易產生實際進行該行動的想法，這是因為受測者比較容易了解「進行該行動的具體理由」。

另一方面，採取第一人稱視角展開想像時，受測者雖然比較容易了解「如何進行該行動」，卻不容易產生實際進行該行動的具體理由。

因此，當你在腦中想像自己遲遲無法實踐的行動及習慣時，請試著檢視自己是採用第幾人稱的視角進行想像。若發現自己是採取第一人稱視角進行想像，或許改成第三人稱視角更有助於實踐。

除此之外，有些人原本便已採第三人稱視角進行想像，卻仍遲遲無法行動，這或許是因為他們並不認同建立該習慣背後的理由。

相較於「怎麼做」，「為何而做」的說服力更為強烈，同時，它將對我們腦海內描繪的想像造成極大的影響。

不斷練習，擺脫「主觀意識」

請各位實際想像自己與素未謀面者對話的情形。

當你走在路上，發現有個人陷入麻煩時，你會怎麼做呢？例如有位老人辛苦地提著沉重行李步行，試著想像自己和那位老人家對話，並詢問他：「請問需要幫忙嗎？」

各位是否覺得自己能夠輕鬆地向對方搭話呢？

此時，若你相信自己的行為是在幫助對方，那麼即使面對素未謀面的陌生人，也不會產生抗拒感。

換言之，當你與素未謀面的陌生人搭話時，是以「為了對方著想」，還是「為了自己的欲望」？事實上，這也與前文所述的想像方式相同，**相較於「怎麼做」的技巧等觀點，「為什麼做」以及「向對方搭話的意圖」才是真正的重點**。

當各位「為了對方好」而與素未謀面的陌生人搭話時（利他主義），或是「因為害怕被當成怪人」而對搭話一事猶豫不決時（利己主義），應該不難察覺自己內心深處所抱持的意識並不相同。因此，基於如此，若想屏除無法與陌生人搭話的「自以為是想法」，最佳做法就是從自己不會產生抗拒感的部分開始做起；即前文提及的「和陷入困難者搭話」。

向面臨困難者搭話，詢問對方是否需要幫忙，或在捷運等大眾運輸工具上，讓座給老人等不宜久站者，或者向懷抱幼童的女性表示：「妳抱孩子很辛苦，這個位置讓給妳坐吧！」等。

重複上述練習，便能幫助各位更容易與陌生人搭話。

經過上述練習，就能夠有效屏除各位心中「向陌生人搭話，會被當成怪人」的想法。此時的重點在於，看見陌生人時，必須養成思考「如何幫助對方」、「如何讓對方開心」的習慣，而非單純向陌生人進行搭話的練習。

若能養成上述思考習慣，遇見陌生人時，便能輕鬆萌生「如何讓對方開心」的想法。這比起在一開始先「和對方聊自己的興趣」，更可以自然而然地察覺原本難以發現的重點；這也可以讓我們，從「無法與陌生人搭話」的想法中解脫。

或許有人認為這種做法十分費時，但是在付諸實踐後，你將發現並非如此；因為只要能夠確實意識到前述內容，不出幾天內，甚至幾週內就能夠提升自己與陌生人對話的能力至一定的程度。

如此一來，即便在派對等場合遇到初次見面的人，乃至於饒富魅力的異性時，各位也能夠輕而易舉地與對方搭話了。

希望各位能夠捨棄想被視為幹練帥氣男性的私心，懷抱「我想讓對方享受與自己說話，說不定還能夠幫忙對方」的心態，與對方搭話。假如總是雙手一攤，什麼都不做，那些「自以為是的想法」將會糾纏你一輩子。不如稍微改變觀點，在腦中描繪事物時多下些功夫，就能輕而易舉地建立起好習慣。

使用「意象訓練」，可提升表現

多年前，運動界便已導入「意象訓練」，讓運動員運用「想像力」提升運動表現。接下來，我將介紹能幫助各位提高技能的「意象訓練」。

首先，我們先來了解這種方式與提升行動力的「第三人稱視角想像法」有何不同。哈佛大學帕斯卡．利昂博士的研究團隊進行的實驗，便是透過意象訓練，提升受測者的鋼琴演奏能力。

研究人員將年齡十九至四十二歲的十五名受測者分為三組，每位受測者都未曾彈奏過鋼琴，他們也不具備打字經驗，屬於沒有使用手指習慣的人。

首先，研究人員要求第一組受測者每天練習彈鋼琴兩小時。

至於第二組受測者，研究人員要求他們每天進行兩小時的「意象訓練」，想像自己坐在鋼琴前練習彈奏，在此過程中，受測者不可以活動手指；這是因為即使沒有實際彈奏鋼琴，只要活動手指，受測者所進行的便不屬於「意象訓練」。此外，受測者所進行的意象訓練，皆採第一人稱視角進行。

而第三組的受測者則是完全不做任何練習的對照組。

五天後，研究團隊檢測受測者的手指律動與彈奏順序，藉此調查各組受測者鋼琴彈奏能力的提升程度。

結果顯示，實際練習彈奏鋼琴的受測者，即第一組的正確率最高；而沒有進行任何練習的第三組受測者，則沒有絲毫進步。

另一方面，第二組受測者雖然只進行了「意象訓練」，但是他們的進步程度，等同於第一組受測者練習至第三天的程度。

檢測結束後，研究團隊讓只進行「意象訓練」的第二組受測者練習彈鋼琴兩小時，竟發現其程度十分接近實際練習彈鋼琴五天的第一組受測者。雖然每天實際練習彈奏鋼琴的第一組受測者，在五天當中總共花費十小時彈琴；第二組受測者在五天內只進行一項訓練，實際練習的時間只有兩小時，但進步程度卻是相近的。

「意象訓練」無法完全取代「實際練習」

另外，透過德國阿亨工業大學麥斯特博士的研究團隊所進行的研究，也可幫助各位了解進行意象訓練時，腦部發生什麼變化。

研究團隊邀請十二位音樂大學的學生協助進行實驗，要求他們以電子琴彈奏巴爾托克的鋼琴曲「小宇宙」，但是這台電子琴並不會發出聲音，以調查腦部活性的反應。

研究團隊利用功能性磁振造影（fMRI），並利用此調查受測者實際彈奏鋼琴，以及進行彈鋼琴的意象訓練時，兩者腦部的活性是否有差異。

結果發現，即便沒有實際彈奏鋼琴，僅僅進行意象訓練，受測者腦部掌控手指活動的部位（運動感覺皮質）也會得到活化；但仍有某些部位

▲ 光憑想像，腦部也會與實際彈奏鋼琴時出現相同畫面。

（腦頂內溝），唯有實際彈奏時才會活化。研究指出，腦頂內溝與感覺、運動的協調有關，因此以現階段來說，意象訓練雖然有幫助，卻無法完全取代實際練習。然而，意象訓練確實具有活化腦部的效果，若能巧妙活用是有益無害。

將前述一併納入考量後，**我們就會發現，透過第三人稱視角進行意象訓練，能夠幫助自己更有效地掌握「為何而做」（理由），進而產生幹勁；而透過第一人稱視角進行意象訓練，則可更有效掌握「該如何做」（方法），進而提升技能**。也就是說，這兩種不同視角的想像方式，對我們而言皆有助益。

善用兩種視角，克服溝通障礙

現在，讓我們回到本章開頭提及的二郎身上。

首先，二郎拜訪那些成功克服沉默寡言、拙於言辭的人，希望藉此幫助自己建立與異性溝通無礙的印象，以期不再於對話時感到緊張。二郎之所以會這麼做，是因為他認為天生能言善道者無法成為自己的參考。於是，他詢問成功克服沉默寡言、拙於言辭的人，了解他們究竟如何做到，以及原先口齒拙劣者，如何與他人對話。接著，他便開始進行兩種類型的意象訓練。

剛開始，他以第三人稱視角想像自己與女性對話的場景。他明確掌握自己「與女性對話」的原因，在和對方溝通時，便能夠意識到該怎麼做，才能夠被對方接納。

習慣上述階段之後，二郎便透過第一人稱視角的意象訓練，幫助自己掌握「與女性對話」的方法。假如換成過去的二郎，想必無法勾勒出自己採第一人稱視角與女性對話的情景，但由於他此時已經學會如何與女性對話，因此更容易建立自己與女性溝通無礙的想像畫面。

透過巧妙地穿插並活用上述兩種意象訓練，使得二郎能夠在日常簡短的對話中，確實練習與女性對話，最後他終於克服在工作場合中過度關注女性的問題，得以自然地與對方溝通，就此工作也一帆風順。

每個孩子天生都擁有強烈的想像力。
但是用進廢退，鮮明的想像力若廢而不用，
亦會逐漸褪色，宛如肌肉萎縮一般。

——華特・迪士尼（動畫製作人、企業家）

節錄自《華特・迪士尼謹致：160句關於夢想與勇氣的語句》

Chapter 3

如何戒除分心，提升續航力？

目標清單化，不再半途而廢

案例3

原地踏步的學習障礙

明子在一家製造商擔任業務，她的夢想是到國外工作，但是她的英文並不流利。在國外旅行時，假如沒有會說英文的朋友陪同，她就不敢獨自漫步街頭。因此，她開始養成收聽晨間英語廣播的習慣，希望至少能獨自在國外的餐廳點餐，或是向當地居民問路。然而，每天工作加班或應酬的隔天早上，她總會賴床導致錯過英語節目的播出時間，使得英文能力遲遲無法進步。

不做兩百次，就無法養成習慣？

「重複做」可激發創意，活化大腦

相信某些人即使成功建立全新習慣，卻往往難以持續，不知道該怎麼做才能夠長久維持，也不知道自己該在哪方面下工夫，因此深感煩惱。

當各位想養成某種全新習慣時，只要重複進行某種相同行動，就能藉此建立習慣。即使剛開始會令人苦不堪言，但隨著時間日積月累，各位將會自然而然地養成該習慣。

例如：剛學開車時，往往會認為自己無法同時操控方向盤、確認行車安全、踩油門、踩煞車等動作；但在不斷地練習的過程中，這些動作的難易度將會漸趨簡單。一旦養成習慣後，即使駕駛過程中一面與他人對話，甚至一面聽音樂、一面思考，也不會造成任何問題。

你是否很好奇，出現此種變化時，腦部發生了什麼事情呢？

美國麻省理工學院索恩博士的研究團隊，透過兔子在T字迷宮探索的行動，探究牠們養成習慣的過程當中，腦部發生何種變化。

為了幫助各位理解，本書將負責養成習慣的腦部區域稱為「習慣區」，將負責產生幹勁的區域稱為「幹勁區」。

首先是習慣區（專業用語為條紋體的腹側、阿控伯核等），該區域會與負責引發動作的腦部迴路取得聯繫，讓當事人下意識地做出某種行動。

但是，在該行動變成習慣之前，不同的腦部迴路就已經運作了。名為幹勁區的腦部迴路（專業用語為條紋體的背側、尾核等）將會與意志力有關的腦部區域（前額葉皮質區）取得聯繫，因此，假如當事人本身缺乏幹勁，就會難以展開實際行動。

此時，距離養成某習慣仍有很大的落差，當事人將會採取「目標導向」的行動模式。若無法訂出具體目標，當事人就不會想進行任何行動。另外，養成習慣時，當事人也須設法提升自己對某種行動的興趣，例如進行該行動帶來的樂趣，藉此提升自身對該行動的意欲。

當事人開始學習某種嶄新行為，並且重複進行的過程中，腦部的幹勁區迴路將會逐漸提高其活性。

反覆學習該行為達兩百二十至兩百八十次之後，幹勁區的活化程度將

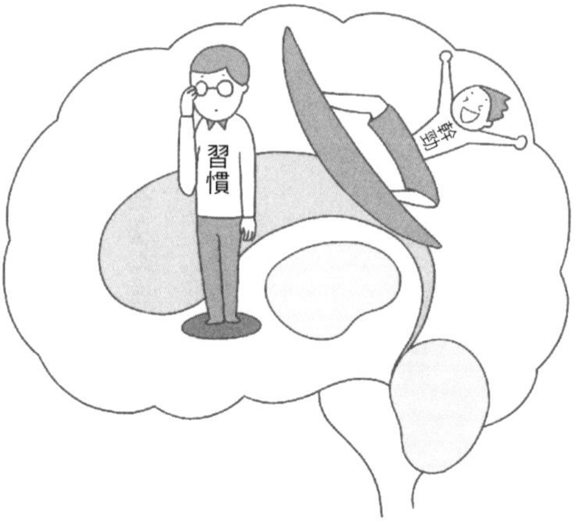

▲ 養成習慣時，請先活化「幹勁區迴路」。

會達到巔峰，並且逐漸下滑。但是，此時的習慣區迴路仍保持高度活性，當事人迄今所展開的行為皆已成為習慣，因此能以極高的精確度，反覆進行相同行為，並且在過程中不以為苦。

過去曾有一種說法，認為必須花費二十一天，才能建立某種習慣；但是根據研究結果，我們發現，**只要重複進行某行為達兩百次左右，就能轉變為習慣**。建立習慣時，比起花費二十一天，持續不懈的精神更為重要。

進行特定目標導向的行動時，若能經常獲得令人「愉快」的成就感，便可順利進行；但若想進一步讓該行為轉為習慣，就必須在每次進行該行動時，都獲得「愉快」的感受才行。因此，**當各位想讓某行為變成習慣時，可以試著在每次從事該行為時獲得「快感」**。

但是，隨著某行為轉換成習慣的程度漸趨強烈，從事該行為時是否感到愉快的重要性便會降低。剛開始時，設法激發意願並感到愉悅一事相當重要；但是，當該行動轉變為習慣後，即使過程中沒有「愉悅感」，同樣也可以自動自發地進行。順帶一提，此處所謂的「愉悅感」，也包括讚美別人與被讚美，皆屬於該範疇內。

因此，剛開始進行某行動時，為求提升幹勁，各位不妨多讚美努力從事該行為的人，或是得到對方的讚美，藉此獲得動力，因而能反覆進行該行動達兩百次以上，就能將其逐漸養成習慣。

如何啟動幹勁開關？關鍵在「大腦」

現在，讓我們看看人類如何展開具特定目標導向的行動，即幹勁區活化時的腦部迴路。這是史丹佛大學的瓦丁博士等人在小白鼠的腦區發現該迴路的研究。首先，研究團隊稍微改造小白鼠的特定腦細胞，使這些腦細胞一旦受到光照刺激就會活化。

如此一來，就像開關一樣，只要以光照刺激，特定腦細胞便會活化；反之，停止光照刺激，特定腦細胞就會停止活化。

接著研究團隊將小白鼠放入蓄滿水的泳池中。當小白鼠開始游泳，便以光照刺激小白鼠，活化其特定的腦細胞，牠們就會幹勁十足，游泳動作也會變得更快。

另一方面，假如停止光照刺激，特定腦細胞便會停止活化，小白鼠的游泳動作也隨之變慢。由於牠們並不想溺斃，因此不會完全停止游泳，但會呈現對游泳興致缺缺的狀態。

透過上述實驗，**研究人員發現位於前額葉皮質內側的腦細胞，是讓動物實際產生幹勁，並進行具有特定目標導向之行動開關**。

當人們陷入憂鬱情緒，對各種事物感到興致缺缺時，正是由於前額葉皮質的活性降低的緣故。因此，為了不讓自己缺乏幹勁，我們必須在日常生活中，隨時保持前額葉皮質的活性。

提到鍛鍊大腦，相信許多人都會聯想到益智遊戲。英國的某研究團隊曾在為期六週的時間當中，讓一萬一千四百三十名受試者進行益智遊戲，發現他們在遊戲中的得分確實逐漸提高。但是，當研究人員改以別種益智遊戲測驗受測者的腦部功能時，發現他們並不一定能獲得高分。另一方面，根據新加坡的某研究團隊指出，電玩類型的益智遊戲具有提高腦部機能的效果，因此我認為，使用不同的方法，其提升

▲「幹勁開關」位於大腦的「前額葉皮質區」。

腦部機能的效果或許也會有所變化。

為滿足想在日常生活中活化大腦的讀者，我將在第六章中介紹具體的方法，有興趣的人務必親自嘗試。

總的來說，人類的大腦會在剛開始嘗試全新事物時頻繁活動，一旦養成習慣之後，大腦就會進入節能模式。相較於前文提到的前額葉皮質，「大腦基底核」與大腦進入節能模式的關聯更為密切；這是由於當事人此時已能下意識地展開行動，無需使用前額葉皮質進行思考。然而，**即使是已經成為習慣的行動，人類仍能繼續產生創意並改良，持續地鍛鍊大腦。**

如何提高行動力，快速養成好習慣？

關鍵在「多巴胺」，可透過飲食增加

那麼，「習慣區」的腦部迴路具有何種功用呢？

「多巴胺」是在習慣區的腦部迴路中，職責至關重要的神經傳導物質。

腦細胞的多巴胺釋放越多，養成習慣的速度也越快。

英國卡地夫大學的尼爾遜博士與其團隊曾進行一項研究。研究人員在籠子內安裝一組只要按壓把手，糖水便會緩緩流出的裝置。當研究人員將小白鼠放入籠中，小白鼠就會慢慢學會「按壓把手，便能喝到糖水」這件事。

長期下來，即使該裝置不再有糖水流出，小白鼠仍會持續按壓把手；換言之，小白鼠已養成按壓把手的習慣。

此外，研究團隊也發現，若給予小白鼠增加腦內多巴胺分泌量的藥物，牠們養成習慣的速度也會加快。

另一方面，讓腦內多巴胺分泌量正常的小白鼠按壓把手三天，無法使之養成按壓把手的習慣；但若換成腦內多巴胺分泌量較多的小白鼠，則可在三天內養成一定程度的習慣。

事實上，假如能在養成習慣的過程中給予糖水等「獎勵」，就可以讓腦細胞釋放更多的多巴胺。下表縱線處，即代表研究團隊給予小白鼠「獎勵」，我們發現

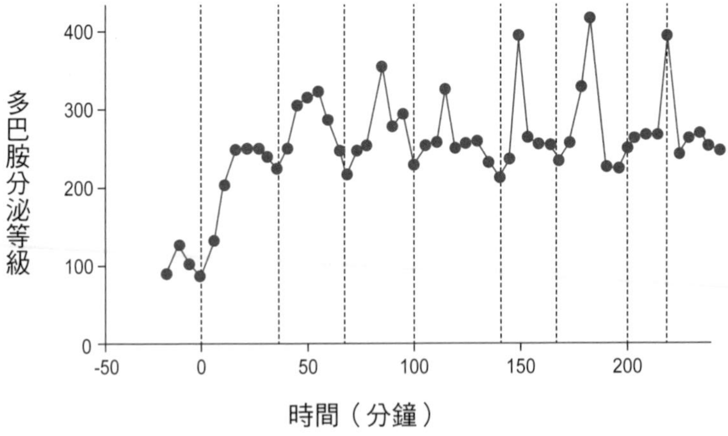

▲ 小白鼠獲得獎賞時的腦內多巴胺分泌等級

小白鼠腦內多巴胺的分泌量增加了，且多巴胺的分泌量每次都會少量提升。換言之，在養成習慣的過程中，動物腦內會出現多巴胺分泌量增加的情形。

多吃起司、納豆、柴魚，增加多巴胺

如前頁圖表所示，腦內的多巴胺具有至關重要的作用。因此，當其分泌量減少時，養成習慣的速度也會減緩。為了避免上述情形發生，各位必須攝取可以促進多巴胺分泌的食材。

酪胺酸（tyrosine）是一種胺基酸，也是產生多巴胺的原料，因此攝取富含酪胺酸的食材，便能夠促進多巴胺分泌。

酪胺酸原為一種從起司中發現的胺基酸，「tyro」源於希臘文的起司。事實上，帕瑪森起司熟成後，表面帶有粗糙的顆粒口感，即是酪胺酸。

此外，納豆也是一種富含酪胺酸的食材。發酵至一定程度時，我們即可在納豆的表面發現酪胺酸，口感同樣帶有粗糙的顆粒感。除了起司等乳製品、納豆外，柴魚的加工食品（柴魚片等）中也富含酪胺酸。

順帶一提，亦有報告指出，若能增加酪胺酸的攝取量，即使當事人處於壓力較大的狀態，依然能夠改善身心狀態；或在缺乏睡眠的狀態下，繼續維持專注力，避免注意力渙散等問題。

因此，**想促進養成習慣的速度，或是想在壓力較大時維持專注力，多攝取富含酪胺酸的食材，或許可帶來不錯的效果**。

當你覺得壓力較大，或是專注力降低時，不妨攝取起司及納豆捲等食材，這些食材都可以在便利超商等處輕易購得。

另外，正在準備考試的人，也請務必多吃富含酪胺酸的食材，如此便可提升讀書時的幹勁，加快完成目標。

做到六件事，戒除三分鐘熱度

簡單的「契機行動」，是扎穩習慣的第一步

第一章曾提到，人類九〇%以上的行動都是根據習慣自動進行。如此說來，若能建立良好習慣，自然能夠提升工作與生活的品質。為了建立更加良好的習慣，以下幾個重點需提醒各位。

其中之一就是必須先決定下一個行動契機的「前置行動」，我稱之為「契機行動」。以下透過紐約大學戈爾畢查博士的研究團隊所進行的研究，幫助各位了解「契機行動」的重要性。

透過「契機行動」促進建立習慣的過程中，必須牢記以下六大訣竅。

第一，以行動為「契機」，而非特定時間。許多人在建立全新習慣時，會使用特定時間作為「契機」，例如「晚上九點洗澡」等。

但是研究結果顯示，「時間」並非有效的「契機」。反之，使用自己的日常行動作為「契機」，是比較理想的做法。相信不少人都以「起床後走到洗手台前」作為早上刷牙洗臉等盥洗行為的「契機行動」吧？

另外，「餐後吃藥」也有異曲同工之妙；「用餐」為吃藥前的「契機行動」，相較之下，許多人都曾有過「餐前吃藥」比較難養成習慣的經驗。當「契機行動」的順序被放置於後續行動之後，或是以特定時間為「契機」時，建立習慣的效果便會不理想。

第二，以簡單易懂、特徵明確的「行動」為「契機行動」。「用餐」正是一個頗具特徵的行動；假如各位能夠打造出絕不會遺漏的「契機行動」，也會比較容易建立習慣。

第三，多留意展開行動時的流程。例如：每次搭乘大眾運輸工具時就練習英文聽力等，這點十分重要。當各位開始進行上述的「契機行動」後，必須事先決定接下來的「後續行動」，以及其先後順序等，以利於建立一系列行動的進行流程。

剛開始，各位可以將流程謄寫於便條紙上，在展開行動時當作參考，在進行一系列行動時無需多加思考，這點相當重要。

但是，不少人很容易將注意力放在「行動計畫」上。例如「我還需要再練習幾小時，才能夠流利地說英語呢？」**請各位謹記，過度在意「行動計畫」，並不容易建立習慣。**

第四，建立「協調計畫」。例如你已經事先決定在減肥過程中，當別人贈送甜點時的應對方式；此時，你當然可以選擇不吃，卻也可以選擇「吃一半」，後者即屬於「協調計畫」。

許多人對「協調計畫」抱持以下觀點：「養成『每週只能吃三天美食，犒賞自己一週的辛苦』的想法，如此一來，即使平常只吃蔬果及湯品等，也能夠得到滿足，更可因此維持體重。而且對於享用美食的日子也會引頸期盼，使得忍耐的過程變得更加趣味。」

希望各位可以活用「協調計畫」，幫助自己建立習慣。

第五個訣竅是「善用文字訊息」。

例如：定期用手機接收與想建立的習慣相關的訊息，或是將寫有「訊息」的便條紙張貼於顯眼的地方作為提醒，以利建立習慣。

第六個訣竅是「管理自己的行動並加以記錄」。例如：「減肥紀錄」或「飲食紀錄」就是運用此訣竅。

人類九〇％的行動都扎根於習慣，因此只要能夠改變其中一項習慣，就可以讓人生產生翻天覆地的巨變。

此外，研究顯示，以下兩大要素能夠促進習慣的建立，可謂相當重要。

其一是想將某種行動轉變為習慣的「意志」。簡而言之，就是當事人的幹勁強弱；假如缺乏幹勁，便無法建立習慣。

其二則為「實施方案」。許多醫學研究正在調查實施方案的重要性；因為很多患者好不容易接受治療以及手術，並逐漸邁向康復，卻被不健康的習慣拖累，導致病情再次惡化。因此，醫學界開始積極進行，能讓患者輕鬆養成良好習慣的研究。

建立包含「時間與地點」的具體方案

關於這部分，容我介紹由英國艾塞克斯大學的歐貝爾博士與他的研究團隊所進行的研究。他們的研究主題是如何有效地讓患者養成使用牙線的習慣，藉此預防蛀牙。

首先，研究人員將兩百七十四名學生（一百二十八名男性，一百四十六名女性）分成兩組，並對他們進行問卷調查，掌握有多少人已有使用牙線的習慣。結果發現A、B組當中，共有六五%的人未曾使用過牙線，平均每個人每十四天當中，只有兩天會使用牙線。

也就是說，習慣使用牙線的人幾乎每天都會使用牙線，但是絕大多數的人完全不會使用牙線。此時，研究人員詢問兩組受測者想要養成使用牙線習慣的意志強弱，結果發現兩組之間並無差別。

於是他們開始進行實驗。為了幫助A組的受測者擬定建立使用牙線習慣的計畫，研究人員先告訴A組受測者：「為了養成使用牙線的習慣，我希望你們先決定使用的時間與地點。多數人都會在晚上刷完牙後，直接在洗手台前使用牙線。也有人會在早餐後使用牙線。請各位將接下來四週使用牙線的時間與地點謄寫於紙張上。」

至於B組受測者，研究人員僅要求他們「養成使用牙線的習慣」。

接下來，研究人員分別於實驗開始兩週與四週後進行問卷調查，並獲得以下結果。

【開始前】

A組：十四天當中，使用牙線的平均天數為兩天。

B組：十四天當中，使用牙線的平均天數為兩天。

【兩週後】

A組：十四天當中，使用牙線的平均天數為九天。

B組：十四天當中，使用牙線的平均天數為四天。

【四週後】

A組：十四天當中，使用牙線的平均天數為十天。

B組：十四天當中，使用牙線的平均天數為四天。

此外，研究團隊也發現，A組的「習慣強度指數」改善達八三%（編按：該指數代表習慣扎根的強度，詳見第四章的說明），相較之下，B組只改善了一一%。

A組原本平均使用牙線的天數為兩天，四週後則改善至十天，代表將近有一百四十人幾乎每天都會使用牙線。各位不覺得這個數值相當驚人嗎？

研究結果也顯示，**事先決定具體的實行計畫，可以促進習慣的建立。**

偷工減料，越容易養成習慣？

但是，當我們養成嶄新習慣後，還是很容易半途而廢。為了消除這種狀況，以下介紹麻省理工學院的戴斯羅傑斯博士與他的研究團隊進行的實驗。

研究團隊發現，使用簡單的形式，便可將動物的某種行動轉變為習慣。意即當動物處於越懶惰的狀態，越容易養成習慣。

既然同樣都能夠獲得「快感」與報酬，動物當然會選擇簡單的方式養成習慣。換言之，**門檻高、過程繁瑣的行動，越不容易轉變為習慣**。

例如：試著想像自己打算養成早起慢跑的習慣。

此時根據行動過程不同，我們又可將人們分成兩組。第一組的人早上起床後先刷牙洗臉，然後再去慢跑，並打算將此行動轉變為習慣；第二組的人則在起床後直接去慢跑。

▲ 剛睡醒時慢跑，不必太在意儀容不整。

那麼兩組類型的人中，何者較容易建立習慣呢？毫無疑問是後者。

完美主義者多半想在狀態盡善盡美時再展開行動，但是我仍然希望各位可以拋下這種想法，先付諸行動，在習慣建立後，再添加其他繁瑣的過程，如此比較容易長久維持習慣。

同時，偷工減料也是一種活用大腦特性，幫助加深記憶的方法。

許多人都認為，優異的記憶力屬於一種特殊能力，是天賦異稟；但事實上，只要「巧妙使用大腦」，例如在生活中時常動腦、記憶事物，就能有效培養優異的記憶力。

此外，根據英國的麥奎爾博士與他的研究團隊進行的實驗，人類只要在生活中常常背誦事物，記憶力就會逐漸成長；也就是說，記憶力與智商並無直接關聯。

行動後的六十秒，決定你的習慣

越快獲得成就感，越容易達成目標

在人類將行動轉變為習慣的過程中，「六十秒」是一段重要的時間。展開A行動後，於六十秒內再發生B事件，大腦就會將A與B連結在一起。

譬如用餐（A），在此行動開始的六十秒內，當事人會品嘗到食物的滋味（B），同時在不久後獲得飽足感。

相較之下，人類的體重在用餐後，必須經過數天的時間才會產生變化。因此，即使當事人的大腦知道瘦身有益健康，但由於減少用餐量，體重並不會立刻減輕，導致減肥往往無法持之以恆。

「記錄減肥法」是在減肥過程中，頻繁記錄體重等數據，藉此得以立刻掌握自己減肥的成果（於六十秒以內），這是「記錄減肥法」的優點。進行時的重點是必須準備測量精確度夠高的體重計，以便立即測出細微的體重變化。

在用餐、如廁、流汗後立即測量體重，隨時掌握自己減肥的成果，這就是「記錄減肥法」的樂趣。若能再將體重數據等變化製成圖表，就能夠得知自己在這段期間的體重變化，進而產生「快感」。

在行動後立刻（六十秒以內）掌握行動結果，便是重點所在。若只在每天早晚測量體重，減重的效果就會比較差。

我也曾經進行一天測量體重一至二次的記錄減肥法，成果並不理想。但是當我改變做法，在用餐、如廁、運動飆汗等行動之後，就立刻測量體重，結果成功從近一百公斤降至七十七公斤。

如今我的體重都維持在八十公斤左右，數十年來未曾有太大的改變。

想要改變習慣時，在展開行動後六十秒內的反應是最重要的關鍵。若想將某種行動轉變為習慣，但該行動並不屬於會立即產生「快感」的類型，則必須將之與其他「快感」連結。

例如：無法對早起一事產生「快感」的人，想養成早起的習慣並不容易。此時，不妨配合讓自己產生「快感」的行動，例如在喜歡的音樂中甦醒，或是起床後立刻吃一片最喜愛的口香糖等。

此時的重點依然屬於「六十秒法則」的範疇。請在展開想轉變為習慣的行動後，試著於六十秒內引發讓自己產生「快感」的事件。

過程中不斷「自我獎勵」，提升幹勁

能否持之以恆的重點則在於必須長期維持正面情緒。此外，研究也顯示，若當事人能夠於維持嶄新習慣的過程中獲得滿足感，更能貫徹始終。

透過英國都柏林學院大學拉利博士的戒菸相關研究，得到了上述結論。

養成新習慣之後，不應只在一開始感到興致高昂，而必須事先構思如何維持正面情緒，並獲得滿足感，藉此維持該習慣，這點相當重要。

此時，友人的鼓勵也是重點所在。**研究指出，開始培養某個新習慣時，週遭關係親密的人若能給予「你做得很棒！」等鼓勵，當事人就能夠保有維持該習慣的動力。**

相反地，研究亦指出，在當事者仍無法養成新習慣時，身邊關係親近的人若強迫使其養成該習慣，以企圖控制對方的心態與之接觸，則會削弱對方好不容易燃起的幹勁，同時使意志力大幅降低。

為了在維持新習慣之餘，又持續感受到正面情緒及滿足感，事先擬定計畫可謂相當重要。例如：對「慢跑」感到愉悅的人，培養慢跑習慣的過程就不會太過艱辛。

但是，對於那些原本不喜歡慢跑，卻為了減肥而打算養成慢跑習慣的人而言，往往難以持續。此時「由外而內」養成習慣，也是一種不錯的做法，比如購買喜愛顏色的運動褲，或是與腳型吻合的新運動鞋等。

此外，善用「獎勵自己」的方法，效果也不錯。首先，我很推薦名為「Nike Run Club」的手機APP。它運用GPS衛星定位功能，能夠正確記錄跑步距離、節奏、時間等數據，並且在過程中，每跑一公里就會予以語音通知，讓使用者易於設定接下來的跑步目標。

不僅如此，跑步紀錄也可以與一起努力的夥伴們分享，或公開於臉書等社群網站，藉此獲得他人鼓勵，進而提升跑步的意志力，相信如此會更容易養成習慣。

或許有些人對於上述做法嗤之以鼻，認為如此，自己就像被牽著鼻子走一般，但千萬別輕看自我獎勵，其確實有幫助。我也希望各位不要忘記「六十秒法則」，若晚於行動後的六十秒才獎勵自己，那也沒有太大的意義了。

如果各位認為每次都自我獎勵的做法不易執行，建議可採「集點模式」

進行。所謂的「集點模式」就是像購物時，依據購物金額讓店家在集點卡上蓋章，蓋滿後可獲贈折價券等贈品的獎勵模式。

假如事先決定蓋滿幾個章，便可獲得何種獎勵，如連續蓋滿一百個章之後，就可以出國旅遊等，就能在每次行動後獲得「愉悅感」。此時，各位也要巧妙地讓週遭的親朋好友一起加入，像是「蓋滿章之後，夫妻一起去泡溫泉」的獎勵，相信另一半也會開心地給予支持。若能獲得支持，各位的意志力也能逐漸提升。

此外，由於「集點模式」的重點在於幫助各位養成新習慣，因此，不同於購物集點卡，我們必須「連續」集滿一百個章，才能夠獲得獎勵。像這樣事先決定遊戲規則，培養習慣的做法，其成效也十分顯著。

希望各位多花點巧思，善加活用「六十秒法則」。

養成習慣後，意志力會更堅定

培養某個新習慣時，意志力是由內而外湧現的。當你反覆進行某個行動，將可逐漸於過程中自行添加創意變化，進而慢慢在行動中發現各種樂趣。

美國堪薩斯大學科勒博士的研究團隊曾提出這方面的報告。

研究團隊告訴受測孩童如何使用玩具進行遊戲，結果隔沒多久，孩童們就自己發現該玩具的全新玩法，或是與朋友一起玩該玩具，甚至玩得超過預定的遊戲時間等。或許各位認為這是理所當然的事，但是人類在養成某習慣的過程當中，往往都會像上述案例一般，不知不覺地展開某些不屬於原先行動的事情。雖然該研究是以孩童為實驗對象，但是我認為成人的狀況並無二致。

對於自身已經掌握的行動，人類都會再添加一些獨特的創意變化，使其逐漸發展。因此，即使一開始是被「獎勵」吸引，也會在進行該行動的過程中慢慢發現樂趣。希望各位能將這件事放在心上，相信日後必定會派上用場。

最後，讓我們談談本章開頭中打算精進英語會話能力的明子。她捨棄過去收聽英語廣播節目的方式，改成邀請朋友在每週末至咖啡廳練習英語會話。剛開始，明子對於自己的英語能力極度缺乏自信，但是在朋友的鼓勵之下，她逐漸建立自信，一個月之後，她開始對學習英語會話感到興致昂然。她更進一步製作集點卡，擬定在四個月內集滿二十點就出國旅行的目標，使得她學習英語的意志力更加堅定，開心地一頭栽入學習英語的世界中了。

成功者與普羅大眾的差異，
就在於「專心致志」的程度不同。

——伊恩・索普（游泳選手）

節錄自《運動選手名言佳句選》

Chapter 4

難以抗拒誘惑，怎麼辦？

尋求支持，藉由外界力量改變自己

案例❹

戒不掉的菸癮

勇二是任職於廣告公司的業務，他每天至少抽一包菸。最近因妻子懷孕，周遭親朋好友紛紛勸他戒菸。雖然剛開始他可以勉強忍耐，但是這卻讓他在工作時無法專注，情緒焦躁不已。某天，他的工作遭遇一些問題，他終於無法忍耐；原本打算只抽一根菸緩口氣，沒想到就此菸癮發作，再度回到每天抽一包菸的窘境。究竟該怎麼做，才能徹底戒掉抽菸等壞習慣呢？

循序漸進，好習慣需要時間培養

絕不能急，根才扎得深

打算戒掉某個壞習慣，或建立某個好習慣時，往往很容易僅以「是否已經養成某習慣」作為評判依據。

這是什麼意思呢？就好比一場考試中，只有滿分與零分兩種成績；所有答案皆正確即為滿分，但只要答錯一題即為零分。

相較於只以滿分或零分作為評判依據，若能在事物的分數變化上更細微，便可以帶來更多鼓勵。換言之，只有滿分與零分，必定很難提升意志力。

因此，挪威特羅姆瑟大學佛普蘭克博士的研究團隊，構思一套「習慣養成指標」。在研究過程中，他們調查習慣養成的程度強弱，企圖將之數據化。

研究團隊將習慣養成的強弱程度，分為以下各種項目，並以七個階段進行評價。雖然這屬於「自我評估」較為主觀，但該評估的目的，是為了掌握個人的習慣強弱，所以無需過度在意是否太主觀的癥結點。然而此測驗也能夠幫助各位追蹤習慣的變化，因此希望各位誠實作答，藉此獲得正確的評估結果。

若想培養一個全新習慣時，剛開始總得分會比較少，而隨著該習慣逐漸養成，總得分也會慢慢提升；反之，當各位打算戒掉某習慣時，一開始的總得分較高，當該習慣逐漸消失，總得分也會慢慢降低。

除了上述項目，若有其他項目能夠階段性地顯示自己的習慣強弱程度，也可以將該項目加入評估表中。首先，請各位進行自我評估，並於培養習慣的過程中，定期進行自我評估。想要戒掉某習慣或怪癖時，若操作方法正確，數值應會逐漸降低；反之，即將養成某習慣時，數值就會越高。

這套自我評估表，可以幫助各位衡量某習慣的強弱度，藉此提升意志力，請各位務必多加活用。

活用「好習慣評估表」，改善劣習

★我想要改變的習慣是（　　　　　　　　）

______年____月____日

關於這個習慣，我……

❶ 頻繁進行（　　）

（每週做____次）

❷ 我會下意識地進行（　　）

❸ 每天至少進行一次，否則會感到渾身不自在（　　）

❹ 進行此行動時，不會思考做法與順序（　　）

❺ 必須付出努力，才能夠避免自己進行此行動（　　）

❻ 我會在每天特定時間進行此行動（　　）

❼ 行動本身已經屬於自我認同的一部分（　　）

❽ 長期進行相同行動（　　）

（____年•____月•____天）

合計______

1	2	3	4	5	6	7
完全不符合	不太符合	較不符合	難以歸類	較符合	幾乎符合	完全符合

善用「習慣逆轉法」，效果驚人

只要三個月，戒除壞習慣

美國佛羅里達諾瓦大學亞斯琳博士的研究團隊，開發一套「習慣逆轉法」，據說使用這套方法後，只需一至三個月，就能矯正輕微的異常行為。

例如：想要矯正不自覺咬指甲的怪癖時，請將咬指甲的地點、周遭人士、狀況等寫在紙上，並從數種狀況中找出共通點。**研究指出，多數人產生異常行為（怪癖）時，都是因為壓力；因此，若想矯正怪癖，就必須先找到造成怪癖的原因。**

而為了避免咬指甲，當事人也必須設法採取某些行動，讓自己無法咬指甲。常見的做法就是緊握雙拳，如此便無法咬指甲了。

一旦發現自己正在咬指甲時，當事人就必須握緊拳頭三分鐘。乍聽之下並不困難，但是實際執行時並不容易；然而，若能夠持之以恆，自然就會根治咬指甲的怪癖。

此時，如果能獲得周遭朋友的鼎力相助，就能加快矯正怪癖的速度。**當事人可以將「習慣逆轉法」告訴家人朋友，並要求他們在自己行為正常時，給予適當鼓勵。**

或許各位會對上述方法感到不以為然，實際上，這是相當重要的環節。反之，看見當事人做出咬指甲等行為時，給予「趕快握緊拳頭！」等提醒，也是幫助他戒掉怪癖的重點。

此時若一味斥責「你又咬指甲了！」「又不是小孩子！」等話語，反而會讓當事人產生更多壓力，導致怪癖更加根深柢固。因此，當事人應先與周遭的人進行溝通，請他避免因怪癖而被斥責、怒罵。

當你想戒掉某怪癖或壞習慣時，「有糖與無糖」比「皮鞭與糖果」的做法更加有效。

除此之外，若能配合使用第二章的「意象訓練」，就可以獲得更顯著的效果。在心中想像自己做出某種怪異舉動的情形，並在自己快要忍不住時，切換為第三人稱視角，觀看自己正緊握拳頭，努力避免咬指甲的情形。這種做法也能有效戒除各種怪癖，希望各位務必嘗試。

戒掉壞習慣前，先切斷與它的連結

杜克大學奎恩博士的研究團隊，正在以「如何戒掉一種習慣」為題進行相關研究。

若想戒掉「一天出現多達數次、根深柢固」的習慣，過程會相當艱辛。

為了戒掉（或削弱）這類習慣，「詳細記錄」是最有效的方法。

阻止當事人繼續進行已經展開的行動、消除讓該習慣產生的信號等方法，似乎都有助於戒除根深柢固的習慣。

但是透過實驗證明，上述方法的成效皆不彰。其中又以「消除讓習慣產生的信號」的方法，其效果比預期中落差得最多。

例如：某人想戒掉抽菸的習慣時，似乎很難正確辨別何者是讓自己想抽菸的信號。

此時，或許他自認為是因為情緒「焦躁不已」，才想透過抽菸緩解；但是根據研究人員鉅細靡遺的調查，發現相較於自身「焦躁不已」的情緒，飄散於職場等地點的菸味，才是讓當事人忍不住抽菸的最主要原因。若再加上一些壓力，當事人就會感到更焦躁、坐立難安，於是便開始抽菸。

因此，想正確掌握引發習慣行動的「契機」相當困難。**此時，與其將重點放在如何戒掉習慣，不如將重點放在養成「詳細記錄」的習慣上。**

所謂「詳細記錄」，是指對開始做出某壞習慣的狀態產生自覺，並詳細記錄該狀況，也就是客觀地觀察自身狀態的行為；這就宛如每分每秒實況轉播自己的內心狀態與周遭情況。

戰勝誘惑的三種方法

有些人因為想減肥，希望戒掉飲食過量的壞習慣，但仍無法抵抗大吃特吃的欲望，以致一不小心就吃太多。

除了食物之外，人類也不擅長抵抗各種誘惑。

究竟該怎麼做，才能成功抵抗這些誘惑呢？

以下容我換個角度，介紹杜克大學奎恩博士的研究團隊所進行的研究。

在該研究中，研究團隊邀請一百三十二位學生擔任受測者。

各位認為下列方法中，何種最能夠幫助我們成功戰勝誘惑呢？

❶ 詳細記錄

❷ 從事讓自己無法做出該習慣的其他行為

❸ 建立「無誘惑環境」

正如前文提及的減肥案例，「詳細記錄」最能夠幫助人改變自身習慣。但是在戰勝誘惑的案例中，最有效的方法竟是「建立無誘惑環境」，相信這讓不少人跌破眼鏡。

而「從事讓自己無法做出該習慣的其他行為」則是戰勝誘惑的第二有效預防方法。

換言之，「詳細記錄」能夠改變每天數次下意識做出的習慣性行動，但若想戰勝誘惑，我們可以選擇其他更好的方法。

此外，我要再提出另一點，雖然每種方法的效果有所差異，但是它們仍都具有一定的效果；因此，我建議結合兩種以上的方法，其成效將會更好。例如組合最有效與第二有效的方法，或同時運用以上三種方法，都可以獲得更顯著的成果。

回到本章開頭那位無法戒菸的人為例，為了讓他成功戰勝抽菸的誘惑，首先必須「建立無誘惑環境」；他可以尋求同事協助，要求對方盡量在抽菸時離座，或是自行迴避，藉此屏除眼前有人在抽菸的誘惑。

此外，他也可以運用「從事讓自己無法做出該習慣的其他行為」的方法。例如：想抽菸時去跑步，讓自己跑到氣喘吁吁，即使只跑一分鐘也可以；因為呼吸紊亂時，就會不便於抽菸。對於菸癮較重的人而言，剛開始進行時並不好受，但若想成功戒菸，就必須在戒菸過程多下功夫，設法在其他事物上得到「愉悅感」，藉此持之以恆。

一旦上癮，大腦將不受控制

跳脫舊思維，才能從壞習慣中抽離

加拿大的腦科學家奧茲與米爾納，於一九五〇年代進行於小白鼠腦部埋入電極的實驗，從中發現罹患成癮症的大腦。

該電極給予小白鼠的腦部微弱的電流刺激，當兩位腦科學家將電極的把手開關放入小白鼠籠中，小白鼠便開始自行按壓把手，藉此讓腦部獲得電流刺激。為了獲得更多電流刺激，小白鼠可謂廢寢忘食。過沒多久，小白鼠每小時按壓把手的次數已多達數千次。

透過此實驗，科學家發現了位於阿控伯核至前額葉，即「回饋系統」

（reward system）的腦部迴路，相信許多人都曾耳聞。

科學家也實際以人體進行相同的研究。研究人員為了治癒患者的腦疾，在患者腦部的回饋系統中埋設電極，每次給予電流刺激時，患者就會得到「愉悅感」，最後患者無時無刻都渴望得到該刺激。誠如前所提，多巴胺此種神經傳導物質，在回饋系統中負責於腦細胞間傳遞訊號，但是根據最近的研究，更發現於回饋系統

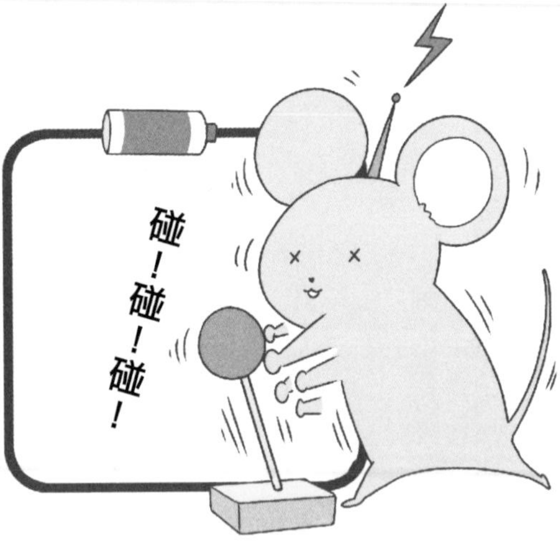

▲ 罹患重度成癮症時，動物會廢寢忘食地尋求刺激。

腦區的訊號傳遞，至少有三種以上與神經傳導有關的物質。

事實上，在動物的進化過程中，為了能夠在飲食、性行為、育兒、社會行為等事物上感受到愉悅與快感，因而發展出這套處於腦部迴路的回饋系統。

科學家也發現，若對此處腦部迴路使用藥物，藥效將會直接作用於其上。此時，若使用的是具有成癮性的藥物，腦部迴路就會遭到挾持。

「自以為是」的想法，容易陷入失敗

提到成癮症（中毒），相信許多人都會立刻聯想到藥物或酒精，但是研究指出，除了成癮物質外，人類也會對其他事物成癮，例如賭博。此外，近年來網路、電玩、手機等電子產品的成癮案例也不絕於耳。

德州大學內斯特勒博士的研究團隊提倡，產生成癮症的腦部迴路和其構造，與產生記憶的腦部迴路構造幾乎相同。由此觀點看來，罹患成癮症與中毒的原因，或許是由於當事人被自己的特定想法與記憶束縛。

「自以為是」的程度較為嚴重者，會特別執著於某個特定想法，我們似乎也可稱之為「特定想法依存症」。而自以為是的想法有時也能夠幫助人類迎向成功；因此，抱持自以為是的想法並不全然是壞事。

即使如此，長期抱持特定「自以為是的想法」，因而反覆失敗的案例也不少。假如人生迄今處處碰壁，想讓境遇好轉，就必須先改變「自以為是的想法」，但是這並不容易做到；因為當事人本身，並無法看見所謂「自以為是的想法」。

若想順利發現「自以為是的想法」，採用第三人稱的角度判斷自身的思考習慣，是最佳方法之一。除此之外，如果能掌握自己之所以抱持該想法的背景因素，或許就更容易改變了。

最近常在新聞或電視報導中，看見越來越多孩童罹患網路成癮症。據統計，包含可能罹患的族群在內，全日本的網路成癮孩童數，可能已超越一百萬人。這些罹患網路成癮症的年輕人，如果沒有日以繼夜地玩網路遊戲，也是整天緊盯社群網站的動態更新。

正因為過度專注於網路上的事物，導致他們最後廢寢忘食，出現逃學或曠職等行為，不僅無力經營正常的社交活動，與家人的相處也是磨擦不斷。

更可怕的是，根據近期研究顯示，網路成癮症患者的腦部活動，與正常人的腦部有所差異。

網路、3C成癮，導致大腦異常

以下是南韓首爾某醫院的金博士與他的研究團隊進行的研究。

在研究當中，研究人員調查了十七位網路成癮症患者，以及十七位正常人的腦部活性，結果發現，除了回饋系統之外，網路成癮症患者的其他腦區都出現異常。

研究指出，網路成癮症患者負責理解他人感受的腦區（顳頂聯合區）、負責記憶的腦區（海馬迴）、以及辨識他人長相與距離的腦區（顳中迴）等，都出現活性異常的現象。

因此，**一旦罹患網路成癮症，腦部便很難設身處地為他人著想。**

此外，研究團隊也指出，網路成癮症會對自我認知產生負面影響。

一整天幾乎都耗在網路上，因

▲ 產生意識之前，腦部就已決定未來的行動。

而廢寢忘食、荒廢學業與職涯規畫，就已是很嚴重的問題了，更遑論還會對腦部產生直接影響；即使當事人設法擺脫網路成癮症、並重返社會，仍有可能在之後衍生出許多問題。

雖然使用網路可能導致成癮，但我們卻不可能完全屏棄網路，為此，重點在於如何控制自己的使用時間與方式。

因此我希望各位可以思考第一章提到的棉花糖實驗，假如家中有學齡期的孩子，可以先與他們約法三章，規定每天可使用電腦與電視遊樂器的時間與時段，例如每天使用兩小時等，預防腦部陷入成癮的危機。

孤單，易讓人對「網路」成癮

擁有歸屬感，幫助緩解不安、寂寞

情感表達能力不佳、不善揣度他人情感，或是感覺人生不幸福、不善與他人和睦相處、不知道人生的意義與目的等，以上據匈牙利國立研究所的研究指出，都是成癮症高風險族群的特徵。

事實上，根據瑞典斯德哥爾摩經濟大學伯夫博士的研究，**人際溝通能力與情感理解能力較弱，以及時常感覺孤單的人，容易罹患網路成癮症。**

換句話說，這種人有「心智指數」較低的傾向。

前文中曾提到，與成癮症相關的腦部迴路，和養成習慣相關的腦部迴路極其類似；那麼該怎麼做，才能擺脫成癮症呢？

以下是以色列巴伊蘭大學陳博士的研究團隊進行的研究。研究人員將重點放在成癮症患者，缺乏與他人互動的協調與連結、在社會上被孤立、無法找到人生意義等問題上，研究幫助患者擺脫成癮症的方案。

在此過程中，研究人員將受測者分成A、B二組。對於A組，他們提供了情感上的支持，幫助受測者重新與社會接軌。

對於B組，研究人員除了提供與A組相同的支持外，更導入幫助受測者發掘人生意義與目標的方案。兩組實驗期間皆為四百八十小時。

B組受測者在過程中會分享彼此的經驗，並進行以下做法。以酒精成癮為例，患者每天都會發誓自己當天絕不喝酒。發誓時不會提到「永遠不喝」等字眼，而是以當天不喝酒為目標，受測者也會理解彼此的心情，互助合作。

他們的聊天內容包括：做人要正直、多體貼別人、承認自己犯的錯、寬恕他人、感謝過去的一切、找出自己能為社會做的事、找到自己出生的意義等。

研究結果顯示，相較於A組受測者，B組受測者感受到更強烈的連結感，在「不安感」、「鬱悶感」等方面也獲得更大的改善。

由此可見，治療成癮症患者時，**設法為他們打造理解他人感受的健全社會性連結，並幫助他們找到人生的目標與意義，可謂至關重要。**

這也顯示當一個人感受到太多壓力時，就容易產生成癮症。但是，即使面臨沉重壓力，只要擁有健全的社會性連結，並明確掌握人生意義，便能維持良好的心理狀態。反之，就容易罹患成癮症等心理疾病。

當一個人承認自己的過錯，並寬恕他人時，腦部的眼窩前額皮質區等腦區將會活化，為自己的境遇賦予意義，更能夠實際減緩疼痛與壓力所帶來的感受。因此，若想切斷自己與成癮症等壞習慣的連結，設法尋找人生意義，並且予以認同相當重要。

適時對外求援，幫助戒除壞習慣

只想靠自己解決，反而容易陷入困境

誠如前文所述，腦部迴路的連結會產生習慣。因此改變習慣，即代表必須改變腦部迴路的連結。過去我們往往認為，長大成人後，腦細胞就會停止再生，並隨著時間流逝並逐漸衰弱。

但是根據近年來的腦科學研究結果，成人的腦部也具有優異的柔軟性，可以不停地產生腦細胞之間的全新連結（突觸）。

瑞典卡羅琳醫學院弗里森博士的研究團隊，以科學方法，證明了成人的腦細胞仍會再生。

研究過程中，他們調查了受測者負責掌管記憶的腦部區域——海馬迴。

研究顯示，**海馬迴每天會有七百個細胞汰舊換新**；這相當於一年會有一．七五％的海馬迴細胞進行汰舊換新。而且，這種汰舊換新的過程將會持續一輩子。透過簡單的計算，十年會有一七．五％、三十年會有五二．五％、五十年會有八七．五％的細胞汰舊換新（實際計算將更複雜）。

透過上述研究，我們可以發現，**人類的腦具有極佳的柔軟性，並且會不斷持續汰舊換新**。

因此我們也可以了解，越常鍛鍊腦部，也越能夠發揮能力。年輕時智商高低並無太大意義，每天付出多少努力鍛鍊腦部，並且發揮自身潛能，才是讓人生更加美好的祕訣。我會在第六章詳細介紹鍛鍊腦部，並提升其基本性能的祕訣，各位不妨參考嘗試。

順帶一提，為了想了解如何檢測腦細胞再生狀況的讀者，以下談談與腦細胞再生檢測相關的研究方法。一九五五年至一九六三年的冷戰時期，當時美、俄等國都在陸地上進行核子實驗，造成大量的放射性物質飄散於空氣中。

當時的人們吸收飄散於空氣中的放射性物質——碳十四，並且加以利用。因此研究人員就以在冷戰時期已成年的人做為受測者，透過存在於他們腦細胞DNA中的碳十四含量，計算腦細胞的再生率。

即使長大成人後，腦部仍然會持續成長，因此若不利用腦部會吸收碳十四的特性，就無法調查腦細胞的再生率。腦細胞的成長與突觸的再生，會在一生中持續進行，未曾有絲毫中斷。

付諸行動，有效改變習慣

那麼，是否有方法能夠改變腦部迴路呢？

根據科羅多拉大學的生理學家弗雷夏博士的研究，人類活動身體時，腦部會分泌ＢＤＮＦ（腦源神經滋養因子）。ＢＤＮＦ能夠促進腦細胞生長與突觸（負責連接腦細胞），因此稱得上是改變習慣時的必備要素。

但必須注意的是，強制讓當事人運動，與當事人自發的運動，兩者改變習慣的效果截然不同。被強迫運動時，人類的腦部會分泌一種壓力荷爾蒙，讓免疫力降低，此時較不易在腦部發現ＢＤＮＦ。

或許有些人比較無法自發性地運動，但是只要回想起孩提時期相當熱衷的運動，相信可以幫助他們順利地進行自發性運動。

例如：我從小就相當熱衷於「水上活動」，由於當時住在海邊附近，我每天都會去海邊玩。當時的我並不認為自己是在游泳或從事運動，而是潛水採集貝殼、觀察魚兒游泳，並在水中盡情遊憩。此外，我剛開始工作時，有段時間都會在週末前往茨城海邊游泳，即使冬天也是如此；當時的我也不認為自己是在運動。

因此，我認為一開始並不需要設法建立「運動」或「健身」等習慣，只要先回想孩提時期、就學期間相當熱衷的活動，讓身體動起來就可以。只要能夠時刻回憶起愉快的回憶，身體自然而然就會動起來。

若能在改變過程中適時請求協助，將能更輕鬆地改變壞習慣。

現在，讓我們談談本章開頭處打算戒菸的勇二。現在的他已經改變想法，不要求自己一定要「完全戒菸」，忍不住時還是會當一回癮君子。他之所以做出上述改變，是因為當過度戒菸而產生莫大壓力時，反而會導致反效果。每次他想抽菸時，都會在第一時間詳細記錄，並在抽菸前的三分鐘，外出跑步使呼吸紊亂。這是因為當呼吸紊亂時，就比較不方便抽菸。

另外，他也規定自己的抽菸量不可比前一天更多，更請求妻子協助，在他抽菸時間低於十分鐘時，給予他一些獎勵；而他每個月也會前往戒菸互助會一次，在當中結交不少戒菸的夥伴。於是，原本菸癮很重的勇二在半年中，逐漸減少自己的抽菸量。他覺得距離成功戒菸已經不遠了，因此每天都非常享受自己的改變。

怠惰是最有害而致命的習慣。然而，怠惰也是最容易養成，最難以擺脫的習慣。

——約翰．托德（牧師、作家）

節錄自《自我鍛鍊！》

Chapter 5

根深柢固的惡習，如何戒除？

適時讚美，以成就感換取成功

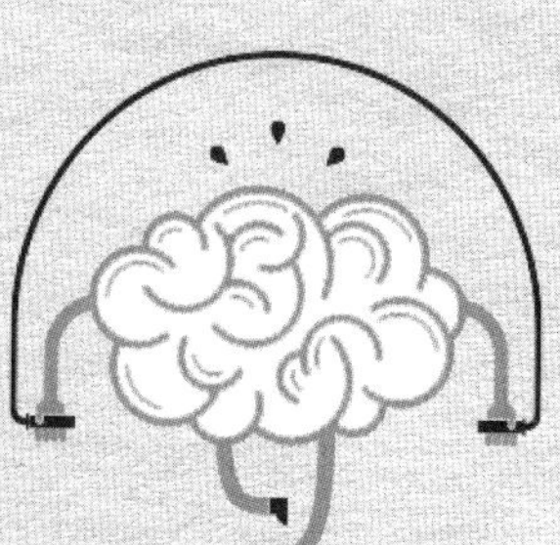

案例❺

亂丟玩具的孩子

友子有兩個兒子，老大今年五歲，老二今年三歲。由於友子和先生平日都要工作，因此她很希望假日能與家人一起悠閒度過；但是兒子們卻總是將玩具四處亂丟，這讓她常常火冒三丈。於是友子時常斥責孩子，並強迫他們收拾玩具，但是在罵完之後，孩子們下次還是故態復萌，這讓她感到厭煩不已。究竟該怎麼做，才能讓孩子養成自動收拾玩具的習慣呢？

犯錯時，為什麼不能馬上責備？

接受「認錯」，鼓勵能換來進步

有些人常要求孩子寫完作業才可以去玩，或是要求另一半在外應酬後，回家前先打電話告知等，但是對方總是會忘記，因而深感困擾。

我以主管與部屬為例，向各位說明當一個人遭受斥責時，腦部會出現的變化。每當部屬工作出紕漏向你報告時，身為主管的你斥責他：「為什麼連這種小事都做不好？」假如長期像這樣責備對方，將會發生什麼後續效應呢？

如果你認為部屬會得到教訓，不再犯相同錯誤，那就太天真了。當人類每次都在A事件發生後的六十秒內遭遇B事件時，就會將兩者連結。

換言之，當部屬被斥責時，就會將之與「報告」連結，而非「出紕漏」。這將導致每次都被斥責的部屬繼續犯錯，卻不再向主管報告自己的失誤；此時，最困擾的人將會是主管本身。

當然，我相信部屬的大腦也能夠理解「我被罵的原因是工作出錯」一事，但是潛意識就是無法接受此事。為此「六十秒內」是相當重要的時間，請稍加回想第二章所提到「六十秒法則」，便可明白箇中道理。

上述案例中，主管的正確做法是先肯定部屬向自己報告的勇氣。如此一來，部屬心中將會把「陳報錯誤」與「獲得肯定」連結，之後若不慎再犯錯，部屬必然會向主管報告。

根據德國普朗克研究院馮．艾爾貝爾森博士的研究團隊，遭受斥責並且暫時感到沮喪的人，之後的學習能力會提升。相信任何人都曾有過斥責某人後，發現他變得更小心謹慎的經驗。

然而事實上，這種經驗卻隱藏一個陷阱。

一味斥責，無益於改變現況

當我們發現斥責可以讓對方「進步」之後，每當對方犯錯，我們就會一味地責備他。當然，為人父母者總會抱持「愛之深，責之切」的想法；但是，斥責對方的重點應放在「暫時性」，對於被斥責後會長期沮喪的人，就不能使用這種方式促使對方進步。

根據加州大學聖地牙哥分校帕拉斯博士的研究，假如長期處於沮喪狀態，就會出現下列情形：

❶即使給予鼓勵，也不會開心

❷過於自卑

❸常逃避輕微的風險

❹無法察覺周遭狀況

❺ 反應遲鈍

❻ 對於尚不明朗的狀況過於不安

假如身邊有人出現上述症狀時，請多加留意。畢竟一不小心，很可能會演變成憂鬱症。

嚴厲指導，容易阻礙學習

旅居美國時，我很不擅長與女性攀談，於是我開始學習社交舞，希望能藉此克服與異性溝通的障礙。剛開始，團體課程就已讓我感到滿足，一段時間後，我產生想更深入學習社交舞的念頭，於是報名了個人課程。當時，我的舞蹈老師曾獲得東歐舞蹈冠軍，是一位實力派舞者。老師的教學相當嚴格，從手指尖到腳趾尖的動作，皆被對方挑出毛病。使得上課時，我連向前踏一步都無法做到，因為我只要這麼做，隨之而來的就是排山倒海的批評。

學有專精的人，越容易以高標準要求對方。然而，教學時應當先了解學生的個性，以及他在該領域的程度高低。若學生的程度已經能夠挑戰冠軍寶座時，那麼嚴格的指正與責備將可獲得不錯的效果；但是，教導程度普通的學生時，讓對方享受跳舞的樂趣是先決條件。

如果各位也屬於看見別人表現不佳時，便會忍不住怒上心頭的人，不妨換個方式思考，對方真正需要的是什麼，才能夠幫助他成長；相信這麼做之後，應該能從中得到提示。

讓我們回到學跳舞的案例。最後，我選擇向其他老師學習，新老師會透過誇獎幫助學員成長，在他悉心指導之下，我的舞蹈水準終於進步到能參加比賽且獲獎的程度。

從上述案例中可發現，正確掌握對方的狀態，真心誠意體貼對方的處境，才能夠讓對方有所成長。

關於這部分，也能夠從腦科學中得到證明。

體貼的心意與溫暖的愛情，能有效幫助對方克服恐懼。催產素（Oxytocin）是一種腦內物質，便是愛情的基本構成元素，接受到他人體貼的心意，或感受到愛時，腦部就會分泌催產素。

例如：當我們參加別人的婚禮時，會被周遭的幸福氛圍感染，使催產素的分泌量較平常提升一五％。

▲ 受到旁人的幸福感染，能增加催產素的分泌。

此外，根據德國呂貝克大學伽瑪爾博士的研究團隊，催產素具有抑制扁桃體活性的作用，所謂的扁桃體（amygdala，或「杏仁核」），是負責掌管恐懼感的腦部區域。

也就是說，當感受到他人的體貼時，腦部催產素的濃度也會上升，如此一來就能克服對嚴苛訓練的恐懼感，跟上指導者的要求。

如何幫助對方，改變行為？

先觀察再伸出援手，關心及讚美不能少

研究指出，越想透過各種方式改變對方的行動，反而會困難重重；從旁給予協助，藉此建立讓對方易於自動展開行動的環境，才是重點所在。

那麼，我們應該給予哪些支援，才能讓對方自發地展開行動呢？

首先，試著觀察對方的行動。若無法以第三者的角度觀察對方，也可以選擇與對方展開相同行動。

此時，各位必須確認在該行動中，是否出現下列情形：

❶ **可獲得物品，或是活動身體**

❷ **能夠吸引他人注目**

❸ **可避免做討厭的事情**

讓我們看看一個案例。

某公司的一位員工時常犯錯，雖然每次都被主管罵得狗血淋頭，但是他的工作狀況卻未見改善。於是，我試著以行為分析學的角度調查這件事。

或許這名員工的工作能力原本就不甚出眾，業績更是差人一截，所以平常就不太受重視；但是每當他犯錯時，就會被主管狠狠責罵。於是我姑且假設，或許對他而言，受到主管斥責一事可以獲得注目感。

於是，我向這間公司的主管提議，希望他平常多留意這名員工的表現，每當他出現較為積極的言行舉止時，就要立即鼓勵他，並投以關注的視線。

起初，主管對此感到抗拒，認為即使這麼做，也不可能讓這位無可救藥的員工改頭換面。但是，主管最後在無計可施下，勉為其難地接受我的提議。

實際進行時，其關鍵重點在於「當場給予鼓勵」；此外，在六十秒內鼓勵對方也相當重要。

兩週後，這名員工的工作失誤變得越來越少；此時的重點在於，當部屬表現不錯時，就要予以關注鼓勵。

察覺部屬想要獲得主管關注的心意，儘管他的好表現極其微不足道，主管都給予關注，如此一來，這就會成為部屬改善行動的助力。

藉由觀察對方的行動（或與對方一起進行），能夠幫助你理解對方的視角，進而給予其支援，讓對方可以自發性地改善行動。切忌喧賓奪主，僅以輔助的角色幫助對方自發性地展開行動，這點非常重要。

當你希望改變周遭某人的行動時，首先必須具體理解對方的價值觀與行動的意義。一般人普遍認為，凡事都「先有因」、「後有果」。

但是根據行為分析學，思考模式卻恰恰相反；行動誘發之後的事件，通常在行動之前，兩者之間並沒有特殊的關聯。

先了解對方「為什麼要這麼做」，再給予協助

以孩子拒絕上學為例，稍加思考後便能理解這個道理。當孩子表示不想上學時，我們會詢問他原因，假設孩子的答案是「去學校會被欺負」，為了解這是否真的是孩子不想上學的主因，我們必須設法掌握他們沒去學校時，到底在家做了哪些行為，絕非只是責罵。

除了被欺負，不想上學其實可能有很多原因，例如：在家裡可以陪媽媽、可以看電視和打電玩、獲得「只有我不必上學」的尊爵感受等。

此時的重點在於，父母不可隨便臆測孩子逃學的理由，而要正確辨明狀況，並充分理解孩子的想法。

我曾聽過一個案例。某個孩子已經連續好幾個月都不肯去上學，結果，當父母要求他「你可以繼續待在家裡，但是不能打電玩或看電視，只能自己一人讀書」之後，不到一週後，這個孩子就回到學校上課了。**當我們想要掌握誘發對方展開行動的原因時，必須先掌握對方的想法及需求。**

除此之外，此時還有一個重要觀念，就是「如何才能幫助對方成長」。當各位逐漸發現，過去那種「發洩怒氣」的想法，其實屬於以自我為中心的視點時，相信就能夠找到解決問題的關鍵之鑰。

改變行為時，請以指導代替責罵

「一手皮鞭、一手糖果」，只會適得其反

許多人常希望透過「一手皮鞭、一手糖果」的做法，改善他人行動。但是，在過程中使用「皮鞭」的做法，其實代表自己厭惡他人的行動，因此我並不建議這麼做。事實上，根據研究指出，相較於「一手皮鞭、一手糖果」，「有糖與沒糖」的做法效果更佳。

舉例來說，美國ＵＣＬＡ籃球隊的傳奇教練——約翰．伍登就在十二年中，帶領球隊摘下十次全美冠軍。綜觀全球運動史，他所創下的記錄相當出類拔萃，被世人譽為史上最優秀的教練。

伍登教練曾經表示：「所謂指導者，就是無需劍拔弩張，就能夠喚起他人動力的人。」

接下來，就讓我們談談他在指導球員時的一大特徵。

一般而言，教練指導選手時，都會採用「一手皮鞭、一手糖果」的做法。例如「做得好！」「太棒了！」等誇獎，這是教練最常使用，當選手表現良好時給予的「糖果」。而對選手來說，最大的鼓勵就是在一場比賽中表現出色。反之，「嚴厲責備」則是教練最常使用的「皮鞭」。

一般的教練指導選手時，都會善用這套「一手皮鞭、一手糖果」的做法；但是研究發現，伍登教練當年指導球員時，採用的是「有糖與沒糖」的做法。**這種做法是指在選手遵行自己指導時「給予誇獎」，在選手表現不佳時則「不給予誇獎」**。

當選手因故失誤時，伍登教練不會以「蠢貨」等語句斥責對方，而會將指導的焦點放在「如何改善失誤」。

表現好時給予讚美；失誤時則反覆指導

我們常認為，在指導對象表現不佳時，為了讓他深刻反省，「責罵」是最好的辦法；同時也會認為「若只在對方犯錯時『不給予糖果』實在太鬆散」。

美國喬治亞州立大學艾利森博士的研究團隊，實際研究「使用『一手皮鞭、一手糖果』與『有糖與沒糖』兩種做法的效果優劣。研究人員讓教練分別採用常見的方法，以及伍登教練的方法來指導美式足球員，藉此判別兩者的成效有何差異。

常見的指導方法係指「一手皮鞭、一手糖果」，當選手表現良好時，教練就會以「做得好！」「剛剛打得很棒！」等語句誇獎對方；反之，當選手出現失誤，教練則會以「你在搞什麼？」「蠢貨！」等語句斥責對方。

當選手接連失誤時，教練會指導選手如何修正，並要求他再實作一次。假如指導過後，選手仍然失誤連連時，教練則會施以「跑十圈球場」等與實際失誤無關的「處罰」。

而伍登教練的指導方法，則是在選手表現良好時，以「做得好！」「太棒了！」等語句誇獎對方；反之，當選手表現有失水準或出現失誤時，則會立刻要求選手停止該動作，並且從頭開始做起。

當選手接連失誤時，教練則會予以指導，向選手說明他的失誤出現在哪些部分，並提供改進的方法等。若仍然無法修正，教練則會將該動作細分為幾個步驟，並反覆指導。

這種指導方法與常見的指導方法大相逕庭，當選手表現良好時，一定會給予誇獎；選手失誤時並不加以斥責，或施以與失誤內容無關的「處罰」。

實際驗證兩種方法後，研究團隊發現，相較於一般的指導方法，伍登教練其使球員進步的速度較前者高出約十倍之多。此外，另一項更令人玩味的結果就是，即使選手接受了伍登教練的指導方法，已獲得進步，但若又改回原本的指導方法，選手的進步表現可能又會下滑。

換言之此研究發現，相較於使用「一手皮鞭、一手糖果」的做法，「有糖與沒糖」的做法更能有效幫助選手成長。

附帶一提，以下為使用「皮鞭」後，可能衍生出的弊害。

❶使用「皮鞭」後，選手可能會過度在意「失誤」，無法盡情發揮。

❷若為團隊型運動時，將會破壞團隊氣氛，讓選手失去運動樂趣。

❸教練無法被選手視為楷模，選手不會想成為像教練一樣的人。

❹選手無法與教練建立良好的人際關係。

使用「有糖與沒糖」的做法時，則會產生以下情形：

❶建立良好環境，讓選手將失誤視為成長的基石，進而積極學習。

❷選手會與教練建立良好的人際關係。

❸選手將會進一步感受運動的樂趣。
❹團隊凝聚力變得更強。
❺選手的表現會進一步獲得改善。

此外，使用「給予糖果」的指導方法時，必須注意以下幾點：

❶每位選手心中的「糖果」各不相同，教練必須根據選手的個性與價值觀，分辨何者為適當的「糖果」。此外，雖然要盡量避免使用「皮鞭」，卻也有人將斥責與辱罵視為「愛的皮鞭」，對此甘之如飴。所以，不能使用同一套說詞誇獎所有的選手。
❷只要發現選手有絲毫進步、改善，就立刻使用「糖果」誇獎。
❸清楚地向選手傳達自己給予「糖果」的原因。

改變再小，都必須給予讚美

有能力的教練常會抱持「除非選手做得很完美，否則不能誇獎對方」的想法。但是如此一來，就會讓選手處於長期沒有糖吃的狀態。為了避免上述情形，教練應在選手出現些微改善時，就立刻予以誇獎。

假如發現選手無論如何都無法掌握正在學習的技巧，請根據選手的學習情形，將該技巧細分為讓選手能夠繼續進步的步驟。這種因應選手能力差異，將技巧細分為多項步驟，並予以鼓勵的做法稱為「形塑法」（shaping）。巧妙運用「形塑法」，能夠提升選手的學習欲望。

讓我們將話題拉回本章開頭的友子，她原本總是因為兒子不整理玩具感到火冒三丈，但是現在她改變做法，在兒子們面前快樂地整理玩具之後，兒子們也開始有樣學樣地整理玩具了。每當他們將玩具整理完畢後，友子就會大力地誇獎他們是「好孩子」，久而久之，兩個兒子就會自動自發地整理玩具。

家庭是培養習慣的學校，
父母是薰陶孩子心靈的教師，
比起施行教育的學校，
培養習慣的學校更能產生實際效益。

——福澤諭吉（教育家、思想家）

節錄自《成功的智慧》

Chapter 6

如何鍛鍊大腦，增加意志力？

五個好習慣，助你一臂之力

案例❻
記憶力會衰退嗎？

因工作所需，哲夫努力地閱讀報考證照的相關書籍。但自從畢業後，他已經好久沒有長時間讀書了。剛開始他的幹勁十足，每天回家後都會讀書兩小時，但他發現，曾經很擅長背誦的自己，現在總是把前晚讀過的內容忘得一乾二淨，這讓他感到錯愕不已。於是在重拾書本的一週後，他的幹勁全消。難道記憶力一旦衰退，就無法回復了呢？

充足的睡眠，讓思考更靈敏

長時間沒睡飽，大腦會變遲緩

誠如第五章所述，近年的研究顯示，成人的腦部也會繼續成長與變化。那麼，腦部究竟每隔多久會發生變化呢？美國加州大學聖地牙哥分校史匹哲博士的研究團隊發現，腦部會以極短暫的間隔產生變化。

研究團隊將小白鼠晝夜各十二小時的實驗室照明節律，更改為白天五小時，夜晚十九小時，結果發現，由於小白鼠是夜行性動物，牠們在白天難以入眠，因而陷入睡眠不足、活動遲緩的狀態。游泳時，只會勉強讓鼻子浮出水面，呈現快溺水的模樣。

大腦會以短暫的間隔，頻繁改變

雖然只是睡眠不足，還不太可能造成大腦迴路的改變，但是缺乏睡眠，仍會使腦部出現極大改變。**只要比較睡眠充足與睡眠不足者一週後的腦細胞神經連結，就會發現兩者之間已經產生顯著差異**。換言之，僅僅一週的時間，腦細胞神經連結就已發生相當程度的改變。

一旦出現某些行動上的變化，就會連帶改變大腦迴路，使腦部變化更加明顯。所以，甚至是閱讀本書的當下，各位的腦部也正在改變。

「運動」、「飲食」、「人際關係」、「思考模式」是四大鍛鍊腦部的訣竅。我們究竟該如何運用它們改變大腦呢？

首先，一起檢視它們究竟是如何讓腦部進化或退化吧！

運動強化記憶力，讓行動更積極

定期活動身體，可提高腦部活性

在我的孩提時代，人們尚未充分了解運動，所以往往會產生「頭腦簡單，四肢發達」的印象。因此在當時的學校教育中，體育是較受輕視的科目。但是根據近期的腦科學研究，顯示這是一種錯誤的認知。事實上，運動具有提升腦部功能的作用。

美國伊利諾州立大學克雷馬博士等學者的論文提到，運動有助提升「高級腦功能」等腦部功能，而負責管理該腦部功能的則是前額葉皮質區。

具體而論，高級腦功能包括各種在工作場合，甚至生活中都能派上用場的功能，例如：決定工作的時間分配、擬定計畫、短期記憶、提升同時進行複數工作的綜合作業功能、面對曖昧不清的條件時，仍能做出決斷等。**根據研究顯示，運動能夠讓高級腦功能提升約七倍，完成事務的速度則會提升約三倍。**

「只工作不玩耍，聰明孩子也變傻」（All work and no play makes Jack a dull boy）這句英文俗諺，就鞭辟入裡地指出人類不可疏於活動的道理。

除了健康者，運動也能有效改善高齡者因為阿茲海默症等疾病而開始出現的失智傾向。

隨著研究的進展，透過運動提升腦部功能的原理也越來越顯著。

匹茲堡大學艾瑞克森博士的研究團隊，在一百二十名受測者的協助下，調查腦部（海馬迴）和運動量與記憶的關聯性，結果發現相較於沒有運動習慣者，有運動習慣者的海馬迴體積增大約二％，實際的記憶力也較為優異。

BDNF這種腦內物質能夠幫助腦細胞成長，而根據研究指出，運動能夠增加此物質的分泌量，便得腦細胞增生的速度變快，海馬迴也會變大。

透過運動，輕鬆強化記憶力

此外，研究團隊也發現，原本沒有運動習慣的人，一旦開始運動後，僅需七週的時間，就可以讓海馬迴的體積和過去大相逕庭。若以細胞層次來看產生的差異，可說是相當巨大的變化。

此處提到的運動，只不過是快走十分鐘的有氧運動，當事人會隨著身體習慣的速度，每週逐漸增加運動量。無須過於激烈，**只要定期運動，就可以產生提高腦部活性，並強化記憶力的作用。**

不僅如此，最新的腦科學研究指出，持續運動還能夠對腦部產生各種正面影響，例如預防失智、使因為飲酒過量減少的腦細胞再次增生等。

事實上，據說世界記憶力冠軍使用的腦部鍛鍊法中，「從事有氧運動」占了很大部分，由此可見，運動對記憶的影響。

養成運動習慣，打造強韌的意志力

沒有人喜歡犯錯失誤，但是人非聖賢，孰能無過？當自己因故犯錯時，又該如何面對呢？

有人會在犯錯後煩惱不已，也有人絲毫不放在心上。此外，也有人會以失敗為進步的契機，反省自己該如何做得更好，以正面積極的態度思考。

許多人往往認為，這些反應屬於「與生俱來」的個性，但事實並非如此。伊利諾州立大學泰曼森博士的研究團隊，調查了人們失誤時，有運動習慣者與沒有運動習慣者分別會做出何種反應。

因為人類有時會在他人面前故作堅強，因此研究團隊直接測量受測者的腦波，藉此觀察受測者的反應。

出現失誤時，人類的腦部會發出兩種特別的腦波。其中之一是對自己犯錯感到悔恨時產生的腦波「ＥＲＮ」。

另一種則是正面積極地希望下次做得更好時產生的腦波「ＰＯ」。

研究團隊發現，出現失誤時，有運動習慣者的ＥＲＮ（悔恨腦波）較弱，ＰＯ（正面腦波）較強。換言之，適當運動可以讓我們在失誤時不過於悔恨，有較高的意志力改善修正。

反之，沒有運動習慣者，則會出現ＥＲＮ（悔恨腦波）較強，ＰＯ（正面腦波）較弱的傾向，因此失誤時會非常悔恨，使得想要改善的意識較弱，如此一來，或許還會反覆犯下相同錯誤。

由上述腦科學研究可以發現，**有運動習慣者的腦部較為正面積極，並且在犯錯時，想要改進的意念也更為強烈**。

相信閱讀至此，有些人會認為自己正是失誤時悔恨交加的類型，但或許只不過是缺乏運動而已。重點在於透過訓練，讓自己在失誤時不再深深悔恨、苦惱不已，而是以正面積極的態度面對；至於「訓練」，有氧運動即可。

每天只要花一點時間運動，就能夠提升腦部功能，使工作效率大幅提高。

或許有人會因為生活繁忙，難以騰出時間運動，因此，我要傳授各位一個小訣竅。當我平常必須去比較遠的地方時，就會打開手機裡的「Nike Run Club」應用程式，並且開始慢跑或健走。如此一來，即使沒有特地花時間運動，同樣能進行有氧運動。

路人看見我以小跑步姿態擦肩而過的身影時，或許還會誤以為我不慎弄丟東西，必須匆忙跑回去拿呢！

▲ 透過有氧運動，讓大腦正向積極的思考。

攝取健腦食物，提升學習力

多吃魚、奇異果，增加幹勁

世上假如存在「吃了就會變聰明」的食物，那就再好不過了——相信各位也和我抱持相同想法吧？

事實上，二十二碳六烯酸（Docosahexaenoic Acid，DHA）這種OMEGA 3系列高度多不飽和脂肪酸與腦部活性可謂息息相關；缺乏DHA將會導致腦部與神經方面的疾病。

相反地，**攝取富含OMEGA 3的食物，能夠提升腦部功能。**

例如：魚類富含OMEGA 3，而透過統計資料發現，魚類消費大國罹患憂鬱症的人數較少（日本、韓國、台灣等國，多年來皆屬魚類消費大國，相較於其他先進國家，前者的憂鬱症患者較少）。而統計數據顯示，近來日本的魚類消費量減少，我認為這或許也與日本憂鬱症患者數持續攀升有所關聯。

英國杜倫大學波特伍德教授曾經研究過學習能力與ＯＭＥＧＡ３之間的關聯。結果發現，攝取富含ＯＭＥＧＡ３的食物，能夠使學習能力提升約一・三倍，若能同時配合運動，可提升至一・五倍。

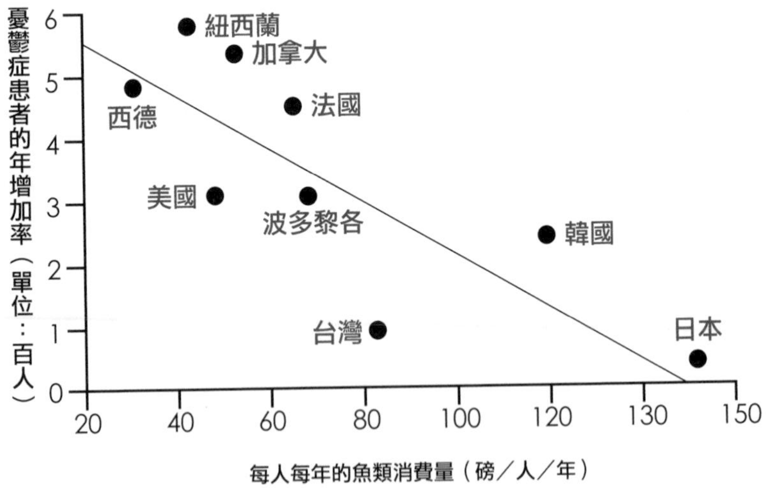

學習力降低的元凶，高脂食物吃太多

另一方面，假如攝取含有大量飽和脂肪酸的高脂肪食物，則會使學習能力降低〇．六倍，即使有運動習慣，仍無法消除對學習能力的負面影響。

常見的ＯＭＥＧＡ３食材包括：魚類、亞麻籽油、奇異果等水果、胡桃等。除此之外，第三章曾提到催產素，若攝取富含催產素的食材亦能幫助提升幹勁，因此各位不妨一試。

但是，我們也不能只攝取富含ＯＭＥＧＡ３的食材，由於大腦與身體都是由相同成分構成，因此我建議除了注重ＯＭＥＧＡ３的攝取，也要全方位攝取各種對身體有益的食材。

吃下過多垃圾食物，等同「吸毒」

垃圾食物的卡路里含量較高，並且含有大量飽和脂肪酸，因此對大腦有害。相信許多人也認為，垃圾食物對人體有害的具體原因包括使營養失衡、卡路里含量較高等。

美國斯克里普斯研究所強森博士的研究團隊，檢測攝取垃圾食物會使大腦產生哪些變化，結果發現，當小白鼠持續攝取垃圾食物達一段時間後，牠們的大腦活性，幾乎等同於藥物中毒的小白鼠。

研究人員同時讓攝取垃圾食物長大的小白鼠，以及攝取一般食物長大的小白鼠攝取垃圾食物一週，並在給予垃圾食物時，同時電擊小白鼠，結果發現攝取一般食物長大的小白鼠會因為討厭受到電擊，而停止攝取垃圾食物。

但是攝取垃圾食物長大的小白鼠，絲毫不受電擊影響，仍然持續攝取垃圾食物，宛如罹患垃圾食物中毒症。

除此之外，當研究人員試著調查小白鼠的多巴胺接受器後，**發現垃圾食物中毒的小白鼠大腦，與罹患古柯鹼等藥物中毒的小白鼠大腦具有相同活性。**

雖然上述實驗的進行方式較極端，只讓實驗組的小白鼠吃垃圾食物長大；在現實生活中，我們只是「偶爾」吃垃圾食物，尚不至於出現中毒症狀。但假如各位希望建立能夠活化大腦的優良習慣，還是必須多留意飲食。

與人為善，可提升腦部功能

研究證明，「言語暴力」會損害腦部

與他人交惡時，我們常會不由自主地說對方壞話。古人曾以「口吐毒蛇」來形容人們說長道短。哈佛大學提查博士等人的腦科學研究發現，壞話也算是一種毒，它被歸類於「神經毒」的範疇。

首先，研究人員先確認八百四十八名成年人是否曾在童年遭受家庭暴力，再詢問他們是否曾多次遭受夥伴或朋友的惡毒對待。

結果發現，越頻繁遭受惡毒對待的人，越容易出現不安、憂鬱、情緒失控、人際障礙等症狀。

除此之外，研究團隊也發現，長期受到他人辱罵者，其腦部負責連結左右腦的「胼胝體」（Corpus callosum），以及連結大腦與小腦的迴路在功能上將會降低。

由於研究團隊事前已確認過他們都未曾遭受肉體上的暴力對待，因此可以推論「言語暴力」易使腦部出現變化。

換言之，「口吐毒蛇」一詞當中的毒，就是所謂的「神經毒」。當我們以言語欺

▲ 遭受言語暴力時，腦部將會受到傷害。

凌、辱罵他人時，將會對他們的腦部造成傷害。

想當然爾，當我們對他人惡言相向時，對方也會以牙還牙，導致兩敗俱傷，皆受到神經毒的侵蝕。

不過，當我們了解人際關係欠佳時，除了容易累積壓力，還會被神經毒侵蝕時，想必會讓我們想要建立良好的人際關係。即使過去曾經互相攻訐，只要能夠盡釋前嫌，攜手建立良好關係，腦部也會逐漸出現變化。

話雖如此，仍有一些人際關係已經過於險惡，難以改善或修復。事實上，我本身也是在極端負面的家庭環境中長大的。當各位遇到上述狀況時，請善用第二章提及的想像力，設法讓遭遇的苦難化為成長的糧食。

另外，若能夠透過第六章文末介紹的「感謝日記」，藉此將自己所遭遇的苦難化為感謝之情，就能夠持續提高腦部功能。希望各位也可以讓腦部更加活化，藉此使人生好轉。

「幸福感」消除壓力，讓腦部穩定運作

研究亦指出，良好的人際關係能夠提升腦部功能。讓我們以夫妻關係為例，進行思考。

例如：檢視自己與妻子、丈夫、戀人的關係是否融洽。一同外出時，是否會牽起對方的手呢？有些人羞於在他人面前牽手，因此在公眾場合總會放開對方的手。以科學角度來看，這是一大損失。因為腦科學研究已經證實，與伴侶牽手是幫助我們維持健康、減輕壓力，生活幸福快樂所需的重要行為。

威斯康辛州立大學大衛森教授的研究團隊，徵求十六名已婚女性的協助，觀察給予她們電擊時腦部的變化。

由於該實驗要求受測者須對輕微的電擊感到驚嚇，因此研究人員以女性為實驗對象。在實驗過程中，設定以下三種不同的情境，藉此調查受測者腦部活性的差異，包括：

❶ 由丈夫握住受測者的手

❷ 由不認識的人握住受測者的手

❸ 沒有人握住受測者的手

結果發現，若受測者受到電擊時是由丈夫握住她的手，其腦部掌管恐懼的部位活性最低；沒有人握住受測者的手時，其活性最高。

除此之外，假如受測者的婚姻幸福美滿，與其他對照組之間的差異就會更加顯著。以專業角度而言，此時受測者負責掌管恐懼感的腦區（扁桃體、後端島葉皮質、額上回），以及掌管自律神經的下視丘，將會出現顯著差異。因此，維持融洽的夫妻關係相當重要，能讓當事人感到幸福，並改變腦部活性。

此處以夫妻關係為對象所進行的實驗只是一個案例，原則上，只要維持良好的人際關係，便能提升腦部功能。

正向思考，預防失智症

練習感謝，大腦就會出現改變

想知道如何養成良好習慣，或建立良好人際關係的方法？

假設為了養成讀書的習慣，而擬定每天讀書三小時的目標，如果這樣就真能養成讀書習慣，就不必如此辛苦了。那麼，究竟有何方法能夠使我們自然而然地養成讀書習慣呢？

加州大學柏克萊分校的布蘭斯博士等人，進行了一個能夠解答上述疑問的實驗。於此實驗當中，他們調查了該怎麼做，才能夠實際提升人們想要「進步」的意願。

首先，研究人員邀請一百零三位受測者進行相當困難的單字測驗，結果幾乎每個人都考得一蹋糊塗。接下來，他們再將受測者分成三組，分別要求第一、二組的受測者從事讓他們「提升自尊心」與「對事物抱持感謝」的活動，第三組的受測者則沒有特別從事任何活動。

過了一段時間之後，實驗團隊再讓三組受測者參加第二場單字測驗。

各位猜猜結果如何？

由於這份單字測驗相當困難，因此三組受測者的實際得分都沒有太大改變，或許這會讓你覺得「三組受測者從事不同活動毫無意義」，因為差異並未反映在結果上；然而事實上，各組受測者的確出現差異。

假如設定「什麼都不做」組在參加第二次單字測驗前的讀書時間為一〇〇，「提升自尊心」組的讀書時間則增加至一一〇，「對事物抱持感謝」組的讀書時間，更增加至一五〇。

雖說三組受測者第二次測驗的得分並無二致，但若是三組受測者，分別繼續維持相同的讀書時間，相信未來將產生極大的成績差距。

相較於從事「提升自尊心」活動與「什麼都不做」的受測者，從事「對事物抱持感謝」活動的受測者會更希望自己變得更好。也就是說，當一個人心中懷抱感謝時，實際的行動也會出現改變。

每天抱持感恩之心，可增加腦細胞

或許有人覺得「感謝」一詞帶有宗教意涵，但我認為，每種宗教都向信眾闡揚「感謝」二字的重要性，說不定是為了讓信徒的思考變得更正向。

根據腦科學的研究顯示，即使我們沒有信奉特定宗教，也必須抱持「感恩之心」，才能從中產生「讓自己變好」的想法。

一提到「感恩之心」，各位是否感到一頭霧水呢？事實上，當我們養成對凡事均抱持感謝的習慣時，大腦也會出現令人玩味的變化。

哈佛大學拉瑟博士的研究團隊，目前正在研究感謝的習慣與大腦之間的關聯。

他們發現，在讓受測者從事與感謝有關的活動接近十年後，其腦部與意志力有關的腦區「前額葉皮質區」，將會變厚約〇．一公分。或許各位認為這種增厚度並不顯著，但若將〇．一公分換算為腦細胞，相當於每年約增加四千萬個位於前額葉皮質區的腦細胞。

除此之外，「島葉皮質」這個腦區，能夠幫助察覺他人情感，甚至推測未來的發展等，研究團隊也發現在讓受測者從事與感謝有關的活動接近十年後，其厚度增加了約〇．二公分之多。

或許你會對「腦細胞增加有何好處」感到困惑；但是，**只要了解腦細胞減少就是造成失智症的原因，應該也能理解增加腦細胞的重要性。**

簡言之，失智症患者的腦細胞將會逐漸凋零消亡，數量也隨之減少。因此，各位應該都能夠理解腦細胞增加的好處。

但是，即使我在書中提倡「每天抱持感恩的心」，或許仍有人覺得這麼做之後，自己並未出現任何改變；不過，事實並非如此。每當我們對事物懷抱感恩，腦細胞將會以極快的速度持續增加。

上述受測者在從事與感謝有關的活動後，之所以能夠增加困難單字測驗的讀書時間，是因為前額葉皮質區的腦細胞增加，使受測者獲得更強韌的意志力，進而改變了行為。

撰寫感謝日記，感恩每一天

以下是讓腦細胞快速增加的具體方法。加州大學戴維斯分校埃蒙斯博士的研究團隊，曾經進行一項饒富趣味的研究。研究團隊邀請一百九十二名學生撰寫日記，以此展開實驗。

首先，他們將一百九十二名學生分為三組，並指示第一組學生「從生活中找出值得感謝的事，寫在日記裡」。

研究人員要求第二組學生「回想每天生活中令人厭惡、煩躁不堪的事，寫在日記上」。

最後，他們要求第三組學生「將每天的生活瑣事寫在日記中」。

實驗為期十週，在過程中，研究人員也要求各組學生分別記錄自己的「心理狀態（情感）」、「身體狀態」、「人際關係」等。

各位知道十週後發生的改變嗎？

根據記錄數據顯示，相較於組別一與組別三的學生，長期撰寫「感謝日記」的學生，感覺自己的身體狀態較佳、精力充沛。具體的研究結果包括：早上不易賴床、運動的時間增加、人際關係變好等。

換言之，**撰寫感謝日記，不僅能夠提高腦部功能，同時還可連帶使「人**

際關係」與「運動」產生改變。

「感恩之心」能夠對人類造成極大影響。人們常說要「心存感謝」，看來這句話並不只是口號而已。

學習以「潛意識」，改變習慣

相信堅持閱讀至此的讀者都已經發現，所謂「改變習慣」，例如養成好習慣、戒掉壞習慣等，其實就是改變自己的大腦。

而且，人類大腦的潛意識，會在當事人發現前就開始運作，對後續行動造成極大影響，相信各位也已經理解這個道理了。

由於人類九〇%的行動皆根據習慣展開，因此只要改變任一習慣，就是朝向改變邁出一大步。

當各位展開一個全新行動，希望藉此改變既有習慣時，往往會因為遲遲感受不到變化而氣餒。但是，大腦其實會在極短的間隔內發生極大變化。因此，各位只要在日常生活中稍加意識到這件事，就比較容易建立全新習慣。

如果本書能夠形成些微助力，幫助各位相信自己即將迎向美好的未來，並建立更加優良的習慣，那麼我會感到無比欣慰。

最後，將話題拉回因為記憶力退化而深感煩惱的哲夫。他決定開始與妻子一起撰寫感謝日記。一個月之後，他發現自己每天都一夜好眠，起床時也感到神清氣爽。除此之外，他為了增強記憶力並促進健康，養成每天慢跑十分鐘的習慣，於是他的身體狀況也越來越好，大腦運作十分靈活，使得幹勁也水漲船高。最後，他終於能夠自信滿滿地面對證照考試。

學會習以為常，人生的路上會有更多收穫。
習慣是一種技術，掌握它，你將活得更自由。

——三木清（哲學家）
節錄自《人生論述筆記》

結語

改變永遠不晚，請從現在開始

感謝各位閱讀本書，不知道你是否因而萌生想從今天開始，嘗試某些新事情或新習慣的念頭呢？

但願本書所提供的方法，能夠幫助各位活出美好的人生。

最後，我由衷感謝惠賜本書寶貴建議、提示、支持、協助的朋友們。特別是與我一同規畫腦科學教育方案的長山宏先生、高橋良輔先生、小比類貴卷先生，以及給予我貴重建言的暢銷書作家本田健先生等人，承蒙您們諸多關照，萬分感謝。

除此之外，在舉辦課程講座、研修活動，以及於盛和塾教課時，我也從和參與者的溝通過程中，獲得許多啟發。另外，Cross-Media出版社的小早川幸一郎先生、矢作千春小姐、山下絢子小姐，也在本書的構思與執筆階段殫精竭慮，在此，我希望能夠鄭重地向他們表達無上的感謝。

最後，我要感謝內子克萊兒，因為她總是給予我無條件的支持。

翻轉學　翻轉學系列 053

鍛鍊你的意志力

意志力像肌肉，鍛鍊就能強化！讓你擺脫窮忙，效率 No.1【暢銷新裝版】

何をやっても続かないのは、脳がダメな自分を記憶しているからだ

作　　者　岩崎一郎
譯　　者　謝承翰
總 編 輯　何玉美
主　　編　林俊安
責任編輯　袁于善
封面設計　張天薪
內文排版　許貴華

出版發行　采實文化事業股份有限公司
行銷企畫　陳佩宜・黃于庭・馮羿勳・蔡雨庭・陳豫萱
業務發行　張世明・林坤蓉・林踏欣・王貞玉・張惠屏
國際版權　王俐雯・林冠妤
印務採購　曾玉霞
會計行政　王雅蕙・李韶婉・簡佩鈺
法律顧問　第一國際法律事務所　余淑杏律師
電子信箱　acme@acmebook.com.tw
采實官網　www.acmebook.com.tw
采實臉書　www.facebook.com/acmebook01

I S B N　978-986-507-265-0
定　　價　320 元
初版一刷　2021 年 2 月
劃撥帳號　50148859
劃撥戶名　采實文化事業股份有限公司
10457 台北市中山區南京東路二段 95 號 9 樓
電話：（02）2511-9798　傳真：（02）2571-3298

國家圖書館出版品預行編目資料

鍛鍊你的意志力：意志力像肌肉，鍛鍊就能強化！讓你擺脫窮忙，效率 No.1/ 岩崎一郎著；謝承翰譯 .– 台北市：采實文化，2021.02
192 面；14.8×21 公分 .--（翻轉學系列；53）
譯自：何をやっても続かないのは、脳がダメな自分を記憶しているからだ
ISBN（平裝）978-986-507-265-0
1. 習慣 2. 成功法
176.74　109021995

何をやっても続かないのは、脳がダメな自分を記憶しているからだ
NANIWO YATTEMO TSUZUKANAINOWA NOUGA DAMENA
JIBUNWO KIOKU SITEIRU KARADA

廣	告	回	信
台北郵局登記證			
台北廣字第04401號			
免	貼	郵	票

采實文化 采實文化事業有限公司

104台北市中山區南京東路二段95號9樓

采實文化讀者服務部　收

讀者服務專線：02-2511-9798

鍛鍊你的意志力

意志力像肌肉，鍛鍊就能強化！讓你擺脫窮忙，效率No.1

暢銷新裝版

岩崎一郎——著　**謝承翰**——譯

何をやっても続かないのは、脳がダメな自分を記憶しているからだ

翻轉學
053

翻轉學通用回函

系列：翻轉學系列053
書名：鍛鍊你的意志力：意志力像肌肉，鍛鍊就能強化！讓你擺脫窮忙，效率No.1

讀者資料（本資料只供出版社內部建檔及寄送必要書訊使用）：

1. 姓名：
2. 性別：□男　□女
3. 出生年月日：民國　　　年　　　月　　　日（年齡：　　　歲）
4. 教育程度：□大學以上　□大學　□專科　□高中（職）　□國中　□國小以下（含國小）
5. 聯絡地址：
6. 聯絡電話：
7. 電子郵件信箱：
8. 是否願意收到出版物相關資料：□願意　□不願意

購書資訊：

1. 您在哪裡購買本書？□金石堂（含金石堂網路書店）　□誠品　□何嘉仁　□博客來
   □墊腳石　□其他：____________________（請寫書店名稱）
2. 購買本書日期是？______年______月______日
3. 您從哪裡得到這本書的相關訊息？□報紙廣告　□雜誌　□電視　□廣播　□親朋好友告知
   □逛書店看到□別人送的　□網路上看到
4. 什麼原因讓你購買本書？□對主題感興趣　□被書名吸引才買的　□封面吸引人
   □內容好，想買回去做做看　□其他：________________________________（請寫原因）
5. 看過書以後，您覺得本書的內容：□很好　□普通　□差強人意　□應再加強　□不夠充實
6. 對這本書的整體包裝設計，您覺得：□都很好　□封面吸引人，但內頁編排有待加強
   □封面不夠吸引人，內頁編排很棒　□封面和內頁編排都有待加強　□封面和內頁編排都很差

寫下您對本書及出版社的建議：

1. 您最喜歡本書的特點：□實用簡單　□包裝設計　□內容充實
2. 您最喜歡本書中的哪一個章節？原因是？

____

____

3. 您最想知道哪些關於職場工作術的觀念？

____

____

4. 人際溝通、職場工作、理財投資等，您希望我們出版哪一類型的商業書籍？

____

____